決定版 目からウロコの琉球・沖縄史

厳選！ 琉球・沖縄歴史コラム

上里隆史

ボーダーインク

［まえがき］

「目からウロコが落ちる」は、歴史研究の真髄だ!!

本書は２００７年から２０１４年にかけて刊行した『目からウロコの琉球・沖縄史』シリーズの決定版、総集編です。シリーズは『目からウロコの琉球・沖縄史』（２００７年）、『誰も見たことのない琉球』（２００８年）、『ぞくぞく！目からウロコの琉球・沖縄史』（２０１０年）、『あやしい！目からウロコの琉球・沖縄史』（２０１４年）の計４冊となっています。ここからいくつかの歴史コラムを厳選し、あらためて再編集したものとなっています。

２００７年刊行当時、沖縄の歴史の一般書は教科書風にまとめたものか、歴代王を中心とした記述か通史的なものが大半でした。最新の歴史研究の論文を要約し、コラム本として出したのは画期的だったと思います。おかげさまで話題となり、私の琉球・沖縄史の普及活動の原点になりました。２００５年に始めた同名のブログがもとになった本書ですが、さすがに20年近くの歳月が流れ、その間に次々と新しい研究が登場してきています。

一部、書下ろしとして最近の動向の歴史コラムを掲載していますが、あわせて「沖縄歴史倶楽部」をはじめとした若手研究者たちの本（『つながる沖縄近現代史』、『「守礼の光」が見た琉球』など）や活動もあわせて参考にしていただければと思います。

「目からウロコが落ちる」のは歴史研究の真髄だ、という考えは昔から変わりません。思い込みや固定観念が歴史の事実によって一新されてしまう。そうした新鮮な驚きや興奮を、再び本書でぜひ感じてください。

決定版　目からウロコの琉球・沖縄史／目次

知られざる琉球の肖像　アラカルト

誰も見たことのない古琉球の時代

ぞくぞく！近世琉球の世界

知られざる琉球の肖像　デザート

カバー・扉イラスト：サイトウカナエ
カバーデザイン：宜壽次美智

すぐわかる琉球・沖縄の歴史

長い漁労採集の「貝塚時代」を経て、南西諸島で「琉球王国」が生まれ、1609 年の薩摩島津氏に征服されるまでの時代を「古琉球」といいます。アジアの交易で繁栄した時代でもあります。

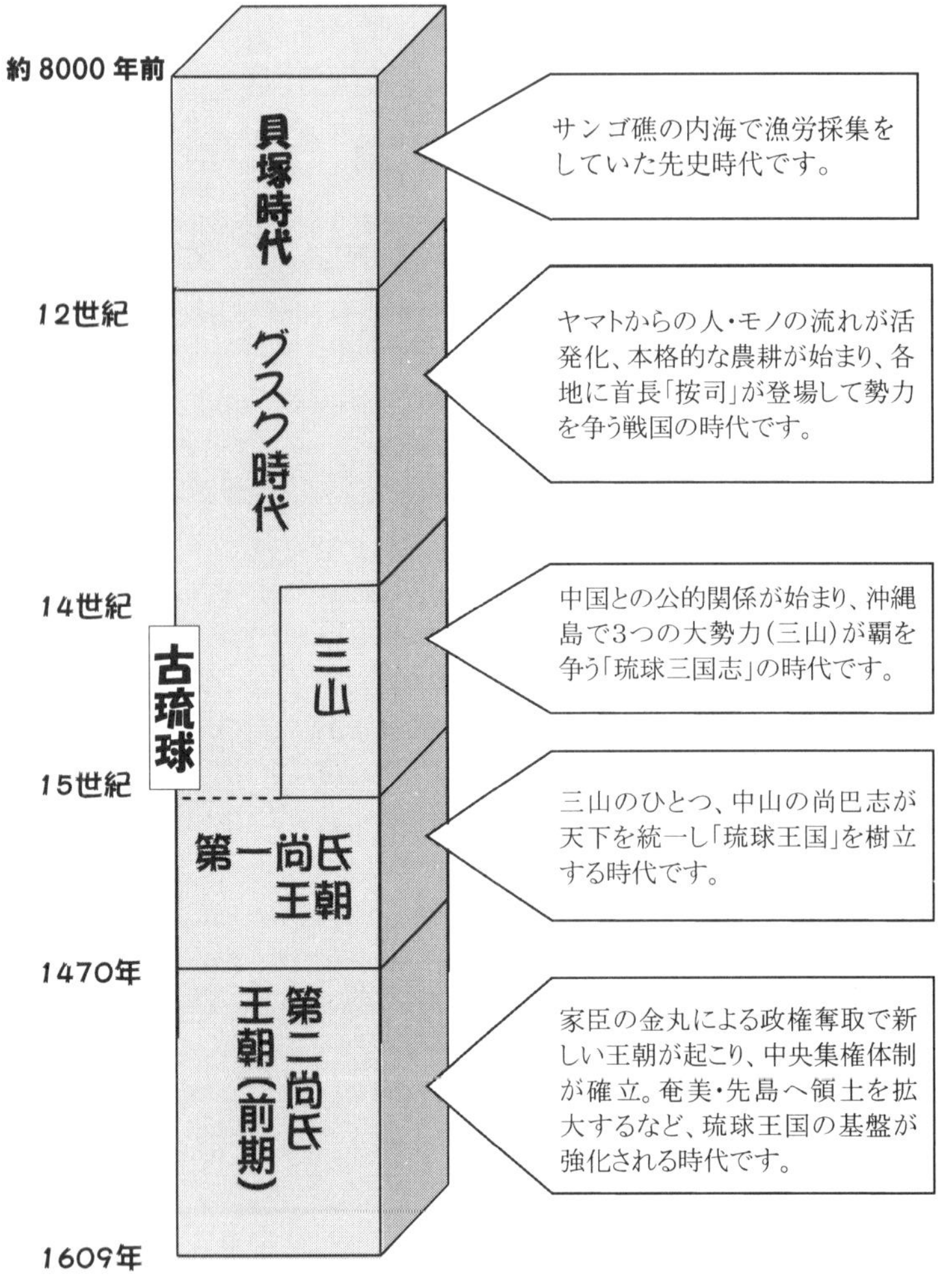

約 8000 年前
貝塚時代
サンゴ礁の内海で漁労採集をしていた先史時代です。
12世紀
グスク時代
ヤマトからの人・モノの流れが活発化、本格的な農耕が始まり、各地に首長「按司」が登場して勢力を争う戦国の時代です。
14世紀
古琉球
三山
中国との公的関係が始まり、沖縄島で3つの大勢力(三山)が覇を争う「琉球三国志」の時代です。
15世紀
第一尚氏王朝
三山のひとつ、中山の尚巴志が天下を統一し「琉球王国」を樹立する時代です。
1470年
第二尚氏王朝(前期)
家臣の金丸による政権奪取で新しい王朝が起こり、中央集権体制が確立。奄美・先島へ領土を拡大するなど、琉球王国の基盤が強化される時代です。
1609年

「近世琉球」は、日本と中国の体制に組み込まれながら、自らを大変革し小国として独自の文化を花開かせた時代です。今に残る琉球の「伝統」文化はそのほとんどがこの時代につくられたものです。1879年に明治政府によって沖縄県が設置され、琉球王国は滅亡します。その後、1945年の沖縄戦を経て米軍統治下に入り、1972年に再び日本へ「復帰」して沖縄県となり、現在にいたります。

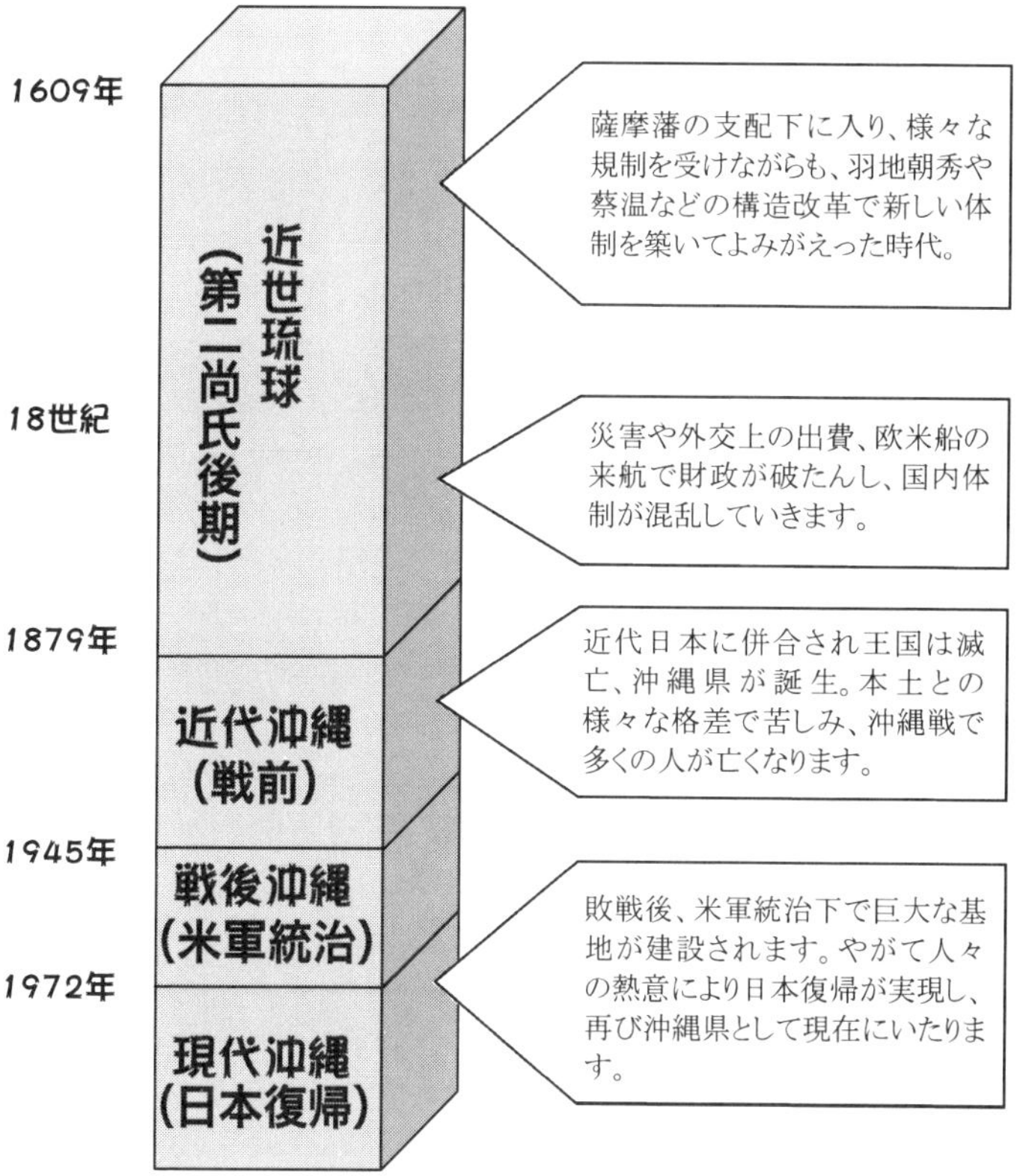

1609年
18世紀
1879年
1945年
1972年
近世琉球
(第二尚氏後期)
近代沖縄
(戦前)
戦後沖縄
(米軍統治)
現代沖縄
(日本復帰)
薩摩藩の支配下に入り、様々な規制を受けながらも、羽地朝秀や蔡温などの構造改革で新しい体制を築いてよみがえった時代。
災害や外交上の出費、欧米船の来航で財政が破たんし、国内体制が混乱していきます。
近代日本に併合され王国は滅亡、沖縄県が誕生。本土との様々な格差で苦しみ、沖縄戦で多くの人が亡くなります。
敗戦後、米軍統治下で巨大な基地が建設されます。やがて人々の熱意により日本復帰が実現し、再び沖縄県として現在にいたります。

知られざる琉球の肖像
アラカルト

新発見・御後絵！　謎王の正体は？

２０２４年３月、沖縄を揺るがす大ニュースが飛び込んできました。沖縄戦で失われたと考えられてきた琉球国王の肖像画「御後絵《おごえ》」がアメリカで発見され、沖縄に返還されたのです。他の文化財とともに返還された御後絵は尚敬《しょうけい》王、尚育《しょういく》王、尚清《しょうせい》王、未知の王の４名。戦前に撮影された白黒写真でしかわからなかった鮮やかな着色が初めて明らかとなったのです。沖縄の歴史関係では戦後最大のニュース、御後絵は間違いなく国王級のお宝です。

琉球王国時代、王家の菩提寺であった円覚寺に収められていた御後絵は沖縄県になると尚家の沖縄邸となった中城御殿に収蔵されました。１９４５年の沖縄戦では御殿敷地の一角に避難させていましたが、戦後に確認すると無くなっていたそうです。王冠をはじめとした宝物も同じく姿を消していましたが、おそらく米兵に持ち去られたのではないかと考えられていました。というのは１９５３年、中城御殿にあったはずの『おもろさうし』や聞得《きこえ》大君《おおぎみ》の黄金かんざしがアメリカから返還されたからです。２０００年の沖縄県による訪米調査をきっかけに、ＦＢＩに盗難美術品として登録された御後絵は２０２３年、ボストンの米退役軍人宅で見つかり、翌年、ついに沖縄側に返還されることになりました。

未知の御後絵（沖縄県教育庁文化財課）

今回発見の御後絵でもっとも注目されるのは、第二尚氏第4代の尚清王のものがあったことです。この王は戦前の写真が残されておらず、今回初めて確認されました。古琉球期の御後絵の彩色も明らかになったのは貴重です。

そしてもう一つ、不思議な御後絵も見つかりました。戦前の写真でも撮影されず、これまでのどの王とも違う姿をしている未知の人物です。絵は戦後3分割されており、王の顔もかすれてほとんど確認できない状態ですが、王がかぶるはずの皮弁冠《ひべんかん》ではなく烏紗帽《うさぼう》で、皮弁服をまとっています。この組み合わせは今まで見たことのないパターンです。背景としてお供の家臣団と日輪・月が描かれた衝立があります。

さて、この未知の人物は誰か。烏紗

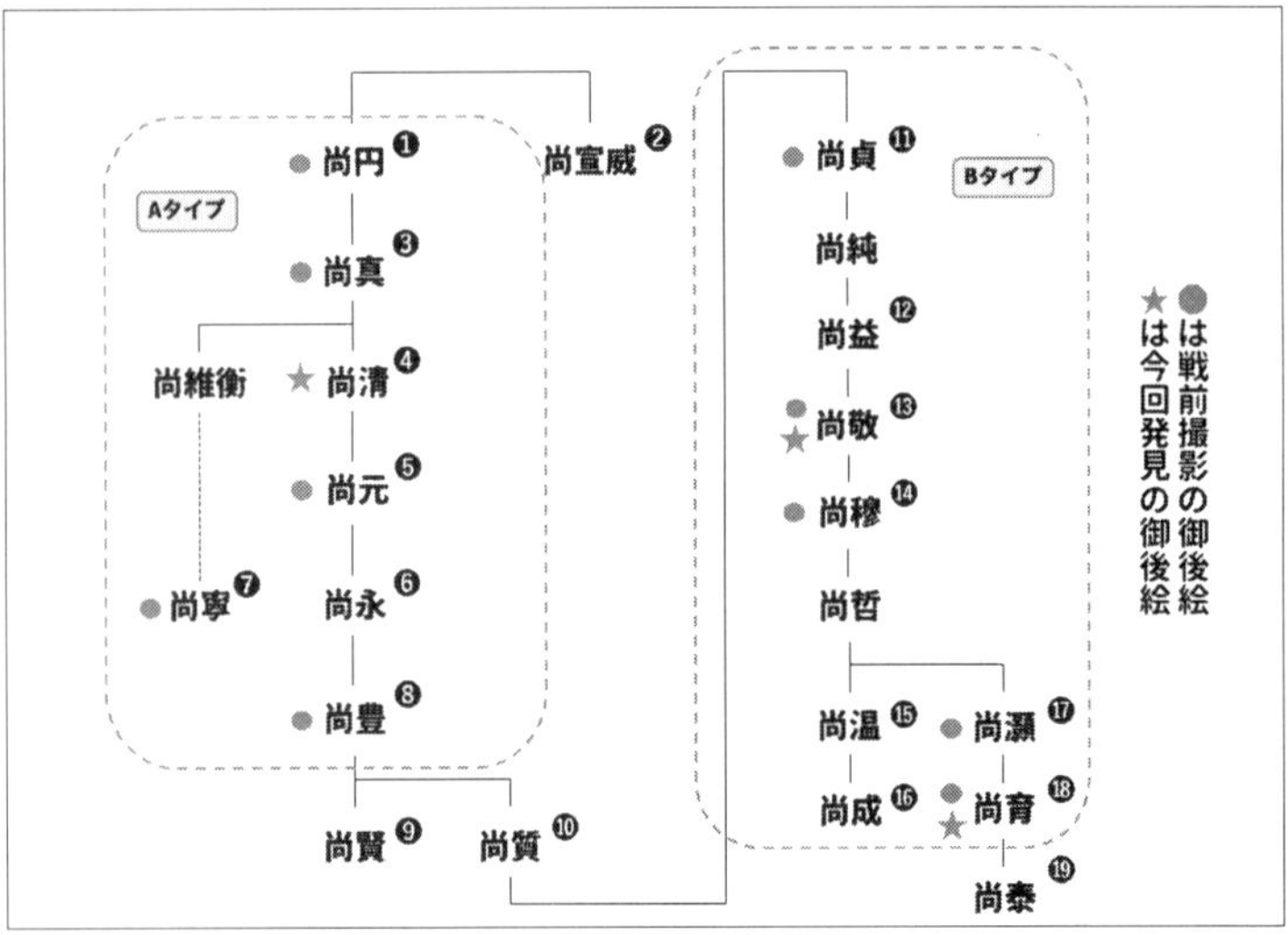

第二尚氏の御後絵残存状況

帽をかぶる他の例は浦添王子尚恭や呉鶴齢（国頭親方）がいるので最初は王族かと考えましたが、お供の家臣の数が王と同じなので王の御後絵と考えていいでしょう。これを解くヒントはさらに背景にあります。実は御後絵は尚円（1470～1476）から尚豊（1621～1640）までの日輪・月の衝立のあるタイプAと、尚貞（1669～1709）以降の無地のタイプBがあります。未知の人物はタイプAです。つまり1669年より前の王ということができます。

もう一つのヒントは皮弁冠をかぶっていないことです。明代、皮弁冠と服は冊封の際にもらっていたので、明皇帝より冊封されていれば当然かぶることになります。清代には冊封されてももらえずに自作することになったのですが、タイプB以前に冊封されていない王は2人。尚宣威（1477）と尚賢（1641～1647）です。ただ尚宣威の御後絵はもともと存在しなかったようなので、尚賢が未知の人物にあたる可能性が一番高いといえます。

尚賢の在位の頃、１６４４年に明朝の滅亡というアジアを揺るがす一大事件が起こります。その後、動乱が続き清朝の統治が安定するまで数十年かかり、琉球も巻き込まれ、明の亡命政権と清朝のどちらに付くかで動揺します。これまでの国際秩序が崩壊し、冊封もついにされない中で描いたのが、この御後絵だったのではないでしょうか。烏紗帽は冊封前の世子がかぶる冠であることも、御後絵の表現に反映されているように見えます。

なおこの頃になると、それまで明の年号を使っていた琉球では日本の年号を使う例が出てきます（尚宣威一族の墓の銘書や『羽地仕置』中の文書など）。従来の枠組みが無くなり、イレギュラーな形式で模索している様子がうかがえるのです。御後絵の未知の人物が他の様式と外れているのは、こうした時代背景があったことも影響していると考えられます。

また尚賢王の次、尚質王代の１６６６年以降、琉球では羽地朝秀の改革が始まり、古琉球的な世界が解体され、新たな近世体制へと移行します。未知の人物が尚堅王だったと仮定すると、背景の絵がタイプA、すなわち古琉球的な様相を帯びているのは、羽地の改革が開始される直前の薩摩支配下ながら古琉球的な社会を色濃く残している姿なのではないでしょうか。

参考文献：平川信幸『琉球国王の肖像画「御後絵」とその展開』

古琉球の女性外交官!?

14~15世紀の明の琉球関係の記録に「三五郎尾《さんぐるみぃ》」という人物が登場します。この人物、1392年に南山王・承察度の「姪」として初登場し、明の最高学府（現在の大学に当たる）の南京国子監に留学し、1411年頃まで20年近く在学していました。別の漢字では「三吾良亹」として登場します。三五郎尾は中山王の「姪」としても登場し、何度も琉球の外交使者をつとめるほどの人物でした。長い期間、留学していたのは何度も落第していたのではなく、朝貢貿易の中国現地スタッフとしての役割も果たしていたようです。

この人物、「姪」と名乗っているのが気になる点ですが、これまでそのことについて注目されることはありませんでした。僕自身も「姪」という漢字が「兄弟の子」も意味することから、「姪」というのは女性を示しているのではなく、男性の「甥」を意味しているのだろうと解釈し、そのように表現していました。

しかし最近の研究では、この三五郎尾は女性だったという説が有力になっています。明に留学した「女官の生姑魯妹」という別の記録も出てきていて、「生姑魯妹」は中国語で「シェングルメイ」と読み、三五郎尾のことと考えられます。明確に「女官」と書いてあること、「姪」と名乗っていることから、素直に史料を読めば三五郎尾は女性だったことになります。琉球では伝統的に神女など女性の地位が強い傾向がありますが、宗教関係だけでなく政治や外交の舞台にまで進出していたとすれば非常に興味深いことです。また同時期の東南アジアでは女性がリーダーになった例もあるので、とくにおかしいことではありません。

思い込みというのは非常に怖いもので、「政治や外交は男性だけが担っていた」という固定観念が無意識に解釈をねじ曲げ、史料に本来書かれていることが見えなくなってしまっていたと反省を迫られました。現代の一方的な固定観念にとらわれず、様々なものごとを「見えども見えず」としないために歴史研究はあると思うのですが、今後は気をつけたいと思います。

参考文献：村井章介『古琉球　海洋アジアの輝ける王国』

銭蔵は酒蔵で米蔵!?

首里城久慶門の付近に、「銭蔵《ぜにくら》」と呼ばれる建物跡があります。現在では基壇部分だけ再現され休憩所となっていますが、王国時代の首里城を描いた絵図や王国末期に撮られた写真にはしっかりとその姿を確認することができます。この銭蔵、「銭」という名が付いていますが、泡盛を

「首里城図」の銭蔵（沖縄県立図書館所蔵）

貯蔵する蔵としても機能していました。「首里城図」には銭蔵の建物に泡盛の甕《かめ》と見られるものがいくつも並んでいるのが確認できます。

この銭蔵、実は当初は「米倉」だったことをご存じでしょうか。実は琉球王国の正史『球陽』に、そのいきさつが記されています。1733年以前、銭蔵の場所に米倉があって、米を売買する農民たちが出入りし、馬をつなぐ場所もなかったといいます。首里城内なのに庶民たちがワイワイガヤガヤと混雑し、馬も自由に歩きまわっていてカオス状態だったようです。それを問題視した王府は1733年に米倉を城外に移設して、それから銭蔵の建物となったのです。

この米倉、いつ頃から首里城にあるのでしょうか。実は1450年代の古琉球期の首里城を描いた「琉球国図」には銭蔵の位置に「太倉」と書かれています。これまで、単なる倉庫というふうに解釈されていたのですが、実は「太倉」という名称は特定の意味があります。「都に設けた政府の米蔵」という意味です。まさに『球陽』で登場した米倉そのものではないでしょうか。つまり、米倉の起源は15世紀のかなり古い時代から続いていたことになるのです。

そしてさらに注目すべきことは、「太倉」の注記に「執政人の在る所」と書いてあります。この「執政人」も単なる役人という意味ではなく、宰相などの重要な役職にある人を指します。同系統の図にも「王弟、大臣の居る所」とあり、米倉が第一尚氏時代の首里城で重要な役所であったことがわかるのです。おそらく財政をつかさどるような役所、王府の実質的な政治機能の窓口を担っていたと考えられます。

現在の首里城見学では正殿の区域などを見終わった後、出口の久慶門を出るまでの坂道の途中にあり、多くの人が通りすぎてしまうような場所ですが、古琉球の人たちにとっては正殿などに次いで目につく中心的な建物の一つだったと考えると、首里城のイメージが大きく変わりますね。

参考文献：上里隆史「古琉球期における首里城の様相と変遷」（島村幸一編『首里城を解く』）

尚豊王のまねっこサイン

1609年、琉球は薩摩島津軍の侵攻を受け征服されました。以降の琉球は江戸時代の日本の影響を強く受けることになります。王府の文書様式もその変化が如実に現れることになりました。それまでの琉球は中国の影響を受け、文書には印鑑を押すのが通例となっていました。国王の印鑑は「首里之印」で、国内の辞令書や日本向けの外交文書に、王の証として押されました。また三司官も「三司官印」が、那覇奉行には「那覇」印がありました。一方の日本では手書きの花押《かおう》（サイン）の文化で、戦国時代の後期に印鑑が登場しましたが、琉球では基本的に花押は使いませんでした。

　ところが薩摩支配下に入り、捕らわれた尚寧王は日本へ連行され、帰国の際に「未来永劫、薩摩に逆らわない」との誓約書にサインさせられます。このサインこそが花押で、尚寧王は初めて花押を使います。その形はシンプルなもので、2つの丸が上下に連なる雪だるまのような形状をしています。心なしかその筆跡は震え、綺麗な円ではありません。琉球の運命を決める署名だったので極度の緊張下にあったかもしれません。

尚寧の花押

　これ以降、国王の特に対薩摩向け文書はそれまでの「首里之印」は消え、花押になっていきます。次の代の尚豊王も花押を使いますが、その形は薩摩藩主の島津家久が使っていた花押とそっくりのものです。上下に横棒を書き、真ん中に王子時代の名前「佐敷朝昌」の「朝」

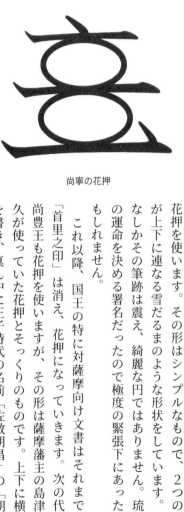

尚豊の花押

島津家久の花押（1614 ～ 20 年頃）

の字が入っています。

尚豊は尚寧とは異なる血筋で親薩摩派の王でした。自らも個人的に家久と主従関係を結び、その関係を強めていました。こうした背景も影響しているように考えられます。

そして興味深いのは、以降の国王もこの「家久型」ともいえる花押の形式を踏襲し、最後の尚泰王まで続きます。後に花押をいちいち書くのはめんどくさいと思ったのか、花押の形の印鑑が登場し、それを押して花押の代わりとなっていきますが、それだけ花押の導入に薩摩の影響が濃かったことを示しているのではないでしょうか。

参考文献：黒嶋敏・屋良健一郎編『琉球史料学の船出』

勾玉は「古い日本文化」の証拠⁉

「沖縄には古い日本の文化が残っている」とよく言われています。日本の古い言葉が沖縄の言葉にも残されているとか、琉球の宗教文化が日本の古代の原像などと唱えられたりします。確かにそうした側面はあることはあるのですが、実態はどうなのでしょうか。

沖縄のノロ（神女）の祭具として勾玉があります。勾玉は古代の日本で使われた装身具で、天皇家の三種の神器にも「八尺瓊勾玉《やさかにのまがたま》」があることはよく知られています。勾玉は縄文時代にはすでに登場しており、古代日本でさかんに作られましたが、7世紀以降には消えていきます。

こうした古い歴史のある勾玉が沖縄にもあったなんて、まさしく沖縄は古い日本文化が残っている証拠！…と言いたくなりますが、ちょっと待ってください。沖縄の勾玉で最古のものは、なんと12世紀。それ以前、古代や縄文時代の遺跡からは見つかっていません。つまり日本でさかんに勾玉が使われていた時期、沖縄には勾玉は存在しなかったのです。そして日本で勾玉が廃れて数百年後、なぜか勾玉が沖縄で流行し始め、琉球王国時代を通じ、現代でもノロの祭具として使われているのです。つまり勾玉は古い日本文化が連綿と残り続けているのではなく、もともと沖縄にはなかった文化が中世に定着し、沖縄の「新たな伝統」となって今日まで伝えられたものなのです。

古琉球の神歌集『おもろさうし』には、ヤマトへ勾玉を買いに向かうという内容のオモロもあり、中世日本ですでに廃れ、ほとんど顧みられなかった勾玉を積極的に入手し、琉球で珍重している様子がうかがえます。

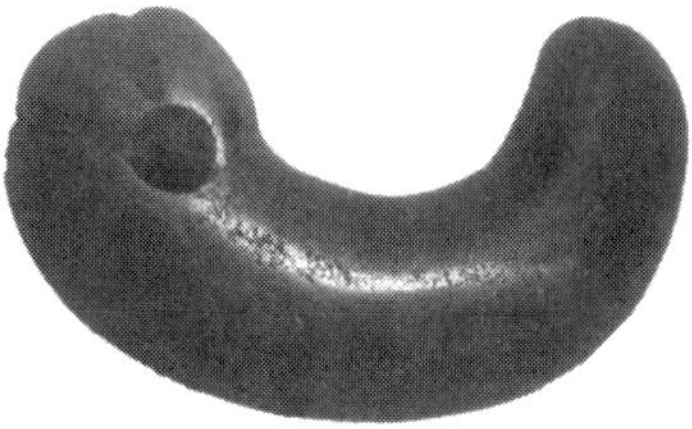

丁子頭の勾玉写真

さらに面白いことに、古墳時代の丁《ちょう》子《じ》頭《がしら》という勾玉の形式をしていながら、その時代には存在しない琉球で製作された巨大な勾玉も存在します。「琉球勾玉」と名づけられたこの勾玉は関西大や東京国立博物館、沖縄県立博物館などに所蔵されていますが、どうやら18世紀後半、江戸時代の日本で勾玉研究が盛んとなり、江戸立などで来訪した琉球使節団がその情報を入手、それらをもとに新たに巨大な勾玉を製作したと考えられています。

このように、単純に古代日本のものが沖縄に存在するから単純に「古代日本の名残り」というのは誤りであることがわかります。これまで戦前から戦後にかけ、その時代状況を反映してヤマトと沖縄の「同質性」のみがクローズアップされてきましたが、その同質性とあわせ、「相違性」も見ていかなくては、沖縄文化の実態はとらえきれないように思います。

参考文献：徳田誠志「関西大学博物館所蔵「琉球勾玉」について：大形丁字頭勾玉出現の一試考」（『関西大学博物館紀要』21巻）

ゴーレスの正体

大航海時代、ヨーロッパ人たちは琉球を「レキオ」と呼びました。そして「ゴーレス」もまた琉球人を指す名称として知られています。トメ・ピレス『東方諸国記』にはこうあります。

レケオ人はゴーレスと呼ばれる。彼らはこれらの名前のどちらかで知られているが、レキオ人というのが主な名前である。（レキオ人は）7、8日でジャンポンへ行って彼らの商品（小箱など調度品、扇、刀剣）を金や銅と交換する、レキオ人がもたらすもの（金、銅）は全部ジャンポンから来る。そしてレキオ人はジャンポンからの荷をルソン布などの商品と交換する。

このゴーレスという名前の由来はいったい何なのか、これまで明らかにされてきませんでした。しかし近年、歴史研究者の的場節子氏によってこの謎が解明されました（『ジパングと日本』）。的場氏は西欧側の史料を丹念に読み込み、琉球の金の入手先である「ジャンポン」「チャンパン」「ジャボンガ」「ペリオコ」などが日本ではなく、いずれも東南アジア地域だったこと、16世紀に琉球船もこの海域を訪れて金・銅を入手し、東南アジア貿易を行っていたことを明らかにしてい

ます。

そして注目されるのが、的場氏が紹介した、リスボン国立図書館蔵のモルーカ諸島情報を記した写本の、

良質の鉄で作られた原住民の刀剣はゴーレスとよばれる。

という記述です。「ゴール」は東南アジアの現地語で「刀剣」を指しており、ポルトガル人はその複数形として「ゴーレス」を用いたのです。つまり、ゴーレスとは「刀剣を帯びた人々」を意味する言葉だったのです。当時の琉球人は日常的に大小の刀剣を腰に差していました。

15～16世紀の琉球は中国や東南アジアに大量の日本刀を輸出していました。日本刀は中国陶磁器とともに東南アジアへもたらされましたが、これらの日本刀は琉球が日本から入手したものとみられています。外交文書集『歴代宝案』では、多種多様の刀剣類が輸出されていたことを確認できます。なお現存する琉球の刀剣「千代金丸」や「治金丸」は刀身が日本製、外装は琉球製であると鑑定されています。おそらく輸出された日本刀は琉球風にアレンジされたものではないでしょうか。

東南アジアでは日本刀が「レケオ」と称されており、アラビア史料には鉄の産地「ゴール島（ボルネオ・セレベス島に比定）」で生産された剣がジャワ語で「リキーウー」と呼ばれていたとあります。東南アジアでは日本刀が「琉球刀」として認知されており、やがて刀剣の代名詞にまでなったわけです。

東南アジアへ日本刀を広めたのは、実は日本ではなく琉球だったのです。知られざる琉球の歴史がまたひとつ解明されたといえます。

参考文献：的場節子『ジパングと日本』

琉球人のマゲとターバンの話

昔の琉球人男性の髪型は日本のチョンマゲとはちがう、総髪（といっても実際は頭頂部を少し剃っていましたが）で、頭のてっぺんに髪を結う「カタカシラ」という独特の髪型をしていました。その姿は大河ドラマ「琉球の風」や、沖縄の伝統芸能などで見たことがあるかと思います。この髪型の由来は、琉球最初の王といわれる舜天の頭の右部分にコブができていて、それを隠すためにコブ部分に髪を結い、のちに皆がマネしたものと言われています。

しかし最初に説明した「カタカシラ」は髪を結ってあるのが頭のてっぺんで、全然右側に結ってないじゃないか、と疑問に思われる方もいるかもしれません。あまり知られていませんが、実は琉球人の髪型は一回、大きなモデルチェンジをしているのです。

もともとは舜天の故事にあるように、琉球人は右のモミアゲあたりに髪を結っていました。500〜600年前（日本では室町時代）の日本や中国の記録には、はっきり琉球人は髪を右側（左とも）に結っていたとあります。この事実があまり知られていないのは、当時の琉球人の姿を描いた絵図がほとんど残ってないからでしょう。

モデルチェンジをしたのは17世紀の中頃（日本では江戸時代）です。その頃、中国では漢民族の明王朝が滅亡して女真族の清王朝が誕生していました。清王朝は女真族の風俗である弁髪《べんぱつ》を漢民族に強制しました。琉球では清王朝が弁髪を強制してくるのではないかと非常に恐れていました。当時の漢民族は女真族の髪型をするのを恥としていましたが、琉球でもそうだったようです。

結局、琉球へは弁髪を強制されなかったわけですが、琉球人の髪型がモデルチェンジしたことと、同時期に起きた弁髪をめぐる問題は何らかの関係があったと考えられます。

また500〜600年前の琉球人は、インド人のようなターバンを巻いていました。それが琉装の男性がかぶる冠のハチマチ（鉢巻）です。あれはもともと長い布を頭にぐるぐる巻きにしたものだったのです。1600年頃、そのターバンを固めて冠状にしたものが現在見るようなハチマチ（ハチマキ）です。今度ハチマチを見る機会があればよく観察してください（琉装をした男性は沖縄の祭りの歴史行列や首里城公園内で見ることができます）。きっとターバンっぽく？　見えてくると思いますよ。

参考文献：ラヴ・オーシュリ、上原正稔編『青い目が見た大琉球』

雪舟が出会った古琉球人

雪舟《せっしゅう》といえば室町時代の水墨画家の大家です。彼が子供の頃、涙でネズミを書いてそのうまさに和尚さんが驚いたというエピソードを皆さんもご存じかと思います。雪舟は1468年、遣明船の使節として明（中国）に渡り、数年間水墨画の勉強にはげみました。実は中国滞在中、彼は琉球人に出会ったらしいのですが、その事実はそれほど知られていません。

雪舟は滞在中、中国で出会った様々な人たちをスケッチしています。それが「国々人物図巻」です。日本では見ることのできない異国人たちは雪舟にとって好奇心の対象だったにちがいありません。

図巻には王や官人、女性、そして高麗人や女真国人、天竺《てんじく》人などと並び、琉球人も描かれています。この琉球人、おそらく現存する唯一の古琉球人画像です。ゆったりとした服、ハダシ、頭の左側に結ったマゲが特徴です。琉球人の髪型として知られるカタカシラは、本来は頭のてっぺんではなく片側のモミアゲあたりに結っていました。描かれた琉球人が頭の上に結髪してないのは明白です。つまりモデルチェンジする前の琉球人の髪型を描いたものだとわかります。

しかし「国々人物図巻」は雪舟の記名がありません。あくまでも「伝」雪舟画ということで琉球人画像が本物かどうか疑問視される方もいるかもしれません。

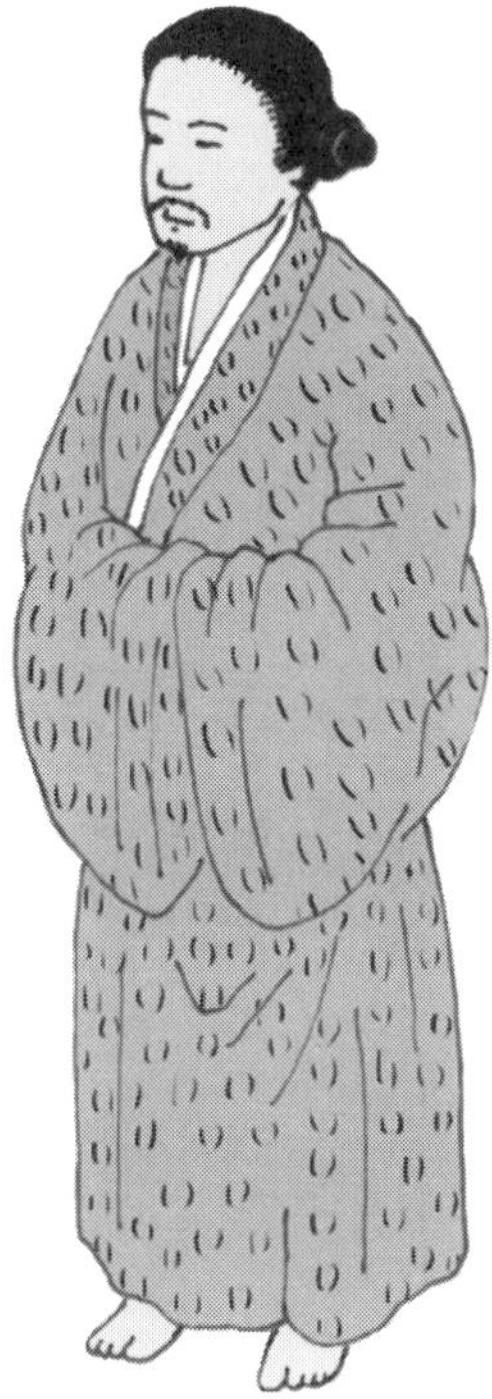

『国々人物図巻』をもとに再現した古琉球人

ではこの当時の琉球人はどういう姿をしていたのでしょうか。別の記録からみていくと、琉球人はそで口の広い服を着ていて、そで口には五色の糸を使った獣形の刺《し》繍《しゅう》があり、それを身分の目印にしていたそうです。足はハダシあるいはゾウリをはき、冠をかぶらず、頭の左側（右側という記録も）に髪を結っていたとあります。

これらを見ると、雪舟が描いたといわれる琉球人は単なるイメージで描かれたのではなく、実際の見聞をもとにして正確に描いたと考えたほうがよさそうです。雪舟は中国に滞在していたので、その時に中国に朝貢してきた琉球人と出会って、彼らの姿をスケッチしたのではないでしょうか。以前放送された大河ドラマ「琉球の風」に登場した琉球人は、近世（江戸時代）に登場する姿をもとにつくられていますが、実際はそのような姿はしていなかったわけです。これは資料がないからという理由もあるでしょうが、今度、琉球のドラマをつくる時には、雪舟が描いたといわれる琉球人を参考に制作されたらいいな、と思います。

参考文献：豊見山和行『琉球王国の外交と王権』

フォーマルウェアはチャイナ服

最近の沖縄では夏にスーツではなく、「かりゆしウェア」というシャツを公式の場でも着ようとする動きが活発です。高温多湿な環境の沖縄でスーツを着ることはかなりの無理があるように思いますが、ビジネスや公的な場面で全く着ないというのは難しいでしょう。実はこういった沖縄の服事情は、数百年前も似かよったものでした。

琉球王国の時代、今のスーツにあたるようなフォーマルウェア（正装）は何だったかというと、中国・明朝の冠服《かんぷく》でした。琉球の正装といえば琉装では？と疑問を持つかもしれませんが、本来の正装は中国冠服です。導入されたのは琉球が中国に朝貢を開始した14世紀頃から。中山王の察度が中国冠服を明朝に求めたのが最初です。察度に仕えていた華人（中国出身者）の長年の働きに報いるため、彼らに中国の官職と冠服を与えてほしいと願い出たのです。

彼ら華人は、「明朝から官職をもらって中国冠服を着る者が琉球の人々の尊敬を集めるし、琉球の野蛮な風俗も変わるから」という理由でこれを欲しがりました。琉球では見たこともない冠やきらびやかな絹製の高級服は、おそらく人々の注目を集めることになったはずです。

華人たちの中国冠服を見て、察度も欲しくなったのでしょう。続いて察度自身も再三の要請のすえに冠服をゲットします。これを知った北山や南山の王たちも、察度に負けじと冠服を求めます。やがて中国冠服は三山の王たちを介して臣下へも広まりました。その頃の琉球では、「中国冠服を着る者」と「着ない者」という身分の区別ができていたようです。当時の服は単なるファッションではなく、身分を表す重要な目印でした。

しかし、琉球人たちは日常的に中国冠服を着ていたわけではありません。琉球の人々は普段はゆったりした琉装を着用し、首里城などでの重要な儀式の場でのみ中国冠服を着るという具合でした。

しかもこの冠服、代々受け継いで着ていたようで、察度が冠服をもらってから40年後、中山王の尚巴志が「以前もらった冠服はボロボロになってもう使えません。新しいのをください」と明朝に要請しています。琉球を統一した尚巴志ら第一尚氏王朝の官人は、40年間ずっと使い続けたツギハ

ギだらけのボロ服をまとっていたということでしょうか。さしもの英雄もこれでは格好がつきません。

皆が欲しがった中国冠服なのですが、沖縄での着用は非常な苦痛をともなうものだったようです。琉球へやって来た中国の使者は、琉球人が中国冠服をバッチリきめて儀式を行っている最中、ずっと窮屈さに苦しんでいる様子を目撃しています。靴（ブーツ）をはいてベルトをがっちり締め、全身をおおう中国冠服の着心地の悪さは、沖縄の夏の炎天下でスーツを着用するのを想像していただければ実感できると思います。

中国の使者への儀礼が終わると、琉球人はさっさと冠服を脱ぎ、もとのゆったりした服を着てハダシになって帰っていったといいます。彼らの気持ちもわからなくはないですね。

参考文献：豊見山和行『琉球王国の外交と王権』
夏子陽『使琉球録』（原田禹雄訳注）

琉球人の名前のつけかた

沖縄の歴史に登場する人物の名前は珍しい名前がたくさん出てきます。日本本土では見なれない名字や中国風の名前など、疑問に思っている方もいるでしょう。琉球人の名前のつけ方について紹介します。

一般的に王国時代の琉球人は、日本風の名前と中国風の名前の二つを持っていたと言われています。例えば蔡温《さいおん》は中国風の名前で、もう一つの日本風の名前は具志頭《ぐしちゃん》親方《うぇーかた》文若《ぶんじゃく》と言います。「親方」は身分を表わす位階名です。しかし、このような名乗りかたが成立したのは、近世の琉球（江戸時代）に入ってからなのです。それでは、それ以前の名前は？……実は名字も中国名もありませんでした。あるのはその人個人の名前だけです。例をあげて説明しましょう。

例えば儀間真常《ぎましんじょう》は、中国からもたらされたサツマイモを琉球に普及させた琉球史上の有名人です。サツマイモが日本全国へ広まるきっかけを作った農業界の大恩人なのですが、彼が生きていた当時（16～17世紀）は「儀間真常」と呼ばれず、「儀間の大やくもい・まいち（真市）」と呼ばれていたようです。「儀間」は代々継がれる姓ではなく、彼が持っていた領地名です（つまり儀間村を領有。領地が変わればこの名前も変わります）。「大やくもい（大屋子もい）」は位階名で、最後の「まいち」が名前なのです。「真常」は子孫が彼の死後に付けた名です。また彼の家系はのちに

「麻」姓を名乗りますが、真常には「麻平衡」の中国名が付けられました。ちなみに古琉球の王様は3つの名前を持っていました。例えば尚真《しょうしん》王は、中国向けの名前が「尚真」で、本来の名前である「まかとたるがね」と、琉球向けの名前である神号「おぎやかもい」がありました。

これらの名前は近世になって中国風の名前が加わり、本来の琉球風の名前は公式に名乗られなくなり、「真常」とか「朝秀」などの漢字の名乗りに変わっていきます。それまでの名前だったものは童名《わらびなー》（幼名）として残っていくのです。

何だかややこしい説明になってしまいましたが、つまりは江戸時代になるまで琉球人の名前は、童名に当たる琉球風の名前しか無かったということですね。この童名ですが、戦前生まれだと自分の戸籍上の名前以外に童名を持っている方もいるそうです。今度、沖縄のオジイ・オバアに会う機会があったら聞いてみてください。

ちなみに庶民の名前は、近世に入ってもその人個人の名前（今でいう童名）しかありませんでした。名乗り方は、「所属村＋屋号＋童名＋姓に相当する名称」となるようです。例えば、「城間村の鍛冶屋小《カジャーグヮー》、ムタ・宮城」とか。欧米風に最初に名前があって後に姓相当の名称が続きます。

参考文献：田名真之『沖縄近世史の諸相』

沖縄で「向」といえば…

突然ですがクイズです。

「向」

この字は琉球で何と読むでしょう?

「こう」「むかい」と読んだ人、沖縄の歴史は初心者のようですね。

「しょう」と読んだ人、沖縄の歴史についてけっこう詳しい。

正解は「しょう」です。

これがわかる人は、おそらくこの字についてこう説明するでしょう。

「これは琉球王家の一族が名乗る姓で、国王の姓《尚》と区別するために《尚》の字《尚》を二画とって《向》とした。よって読み方は《尚》と同じである。さらに王族は下の名前には《朝》を名乗ったんだ」と。

もちろんこれも正解です。現在では王族の子孫は「向」を名乗ることはありませんが、代々名前に「朝」をつけているので、それで王族かどうか判断できる場合があります（例えば朝義とか朝助とか）。

しかし、王族が「向」姓を名乗りはじめるのは沖縄の歴史のなかでも比較的新しい時代で、かつては姓そのものがなかっただけではなく、姓が名乗られはじめた頃には、王族が「向」姓を使うという決まりは全くなかった。この事実を知っている人はそう多くはないと思います。

琉球人が中国名を名乗りはじめるのは近世（江戸時代）に入ってからです。中国名が使われはじめた頃の王族の姓は、何と「呉」とか「宗」、「魏」や「詔」などメチャクチャ。下の名前につけるはずの「朝」もほとんど使われておらず、「重」とか「典」、「義」などこれまたメチャクチャ。

例えば有名な羽地朝秀（向象賢）は、彼が生きていた時に使われていた中国名は何と「呉象賢」。名前も「重家」です。しかも羽地を名乗る前は大嶺です。大嶺重家（呉象賢）、これだと誰だかわからなくなってしまいますね。

要するに、琉球にはもともと一族の血筋を姓によってまとめ、他の一族と区別するという観念がなかっただけでなく、当初は中国名の統一的な使用のルールもなかったということです。王族の姓が現在知られている姿になるのは琉球王国の構造改革が行われて以降の1692年。「門中《もんちゅう》（むんちゅうとも呼ぶ）」という沖縄の家制度もこの時期から成立してくるのです。

沖縄の「向」姓について、これだけ説明できればほぼ完ペキだと思います。これでみなさんも沖縄の歴史通の仲間入り？　かもしれません。

参考文献：田名真之『沖縄近世史の諸相』

軍艦だった琉球船

アジア世界で交易活動をしていた琉球王国の船は、「ジャンク船」と呼ばれる中国式の船でした。島国だった琉球は他の地域に移動するには必ず船で行かなくてはなりません。貿易による繁栄を支えていたのがこの船だったわけですが、琉球貿易船のイラストが歴史の本でさかんに登場するわりには、その内実についてはあまり知られていません。それでは琉球貿易船のヒミツについて紹介しましょう。

琉球王国が貿易でもっとも繁栄していた時代（14～15世紀頃）、その活動をになった主力の船は、実は中国から払い下げられた中古の軍艦でした。この軍艦は中国沿岸部で防衛にあたっていた「衛所《えいしょ》」や「千戸所《せんこしょ》」という軍事組織に属していたものでした。船は全長30～40メートルにも及ぶ頑丈なつくりの大型船で、火砲24門、火箭《かせん》（ロケット式の矢）・神機箭《しんきせん》（１００発同時発射のロケット兵器）28門の強力な装備を持っていました。明朝は、このような軍艦を30隻も琉球王国に無償で提供したのです。

中古とはいえ、当時の中国の造船技術は世界一。この頃には鄭和が２００隻の大艦隊を率いてインド・アフリカまで遠征しています（鄭和の旗艦は当時世界最大の船。実にコロンブスの船の5倍の大きさ)。琉球は世界最高の技術で造られた中国式の船を活用することで、アジア各地への長距離航海を可能にしたわけです。琉球はこのクラスの船を自前で造れず、老朽化したときには中国側へ修理を依頼しています。

琉球の貿易船が軍艦の転用だったのは、次のような背景がありました。明朝の初期、中国沿岸には多数の軍艦が配備されていました。なぜならこの時期の海域は「倭寇《わこう》」が活発に活動して朝鮮半島や中国沿岸を荒らしていたからです。明朝は海防体制を強化し、沿岸部のいたる所に砦を築き、30万人の兵をおいて倭寇に備えていました。このため、琉球へ無償提供できるだけの十分な船舶(軍艦)が明朝側にあったのです。

琉球に提供された明朝の軍艦ですが、装備されていた武器まではもらえなかったようです。1421年(第一尚氏の時代)、中国へ向かう琉球船が倭寇の船20隻に襲われたのですが、武器がなかったために皆殺しに遭っています。以降、琉球船は海賊に備えて貿易船に防衛のための武器を積んだと琉球の外交文書集(『歴代宝案』)にあります。つまり提供された船は武器を装備していない軍艦だったわけです。

倭寇に襲われた後、武装することになった琉球の貿易船は、おそらく先に述べたような明朝の軍艦のような武器を装備したはずです。実は、琉球には15世紀、すでに中国式の鉄砲が伝来していたので（「日本より100年早く伝わった鉄砲」43頁参照）、大砲やロケット式の矢を装備しても不思議ではありません。

貿易品を満載していた琉球船は「宝の船」でしたが、武器を装備したことによって、ひとたび海賊に襲われれば軍艦としての性能をいかんなく発揮することができるようになりました。

武装した琉球船は海賊への防衛だけではなく、何と東南アジアの戦争にも参加しています。1475年のベトナムの占城《チャンパ》国と安南国の戦いで、琉球船は占城に味方して安南側を攻撃していきます。このように琉球の船は貿易品を運ぶだけでなく、攻撃能力も持っていた船だったのです。

参考文献：入間田宣夫・豊見山和行『日本の中世5』
豊見山和行編『日本の時代史18』
稲畑耕一郎監修『中国文明史図説』

地上に浮かぶ海の船

琉球の行政組織や役職・位階名はあまりなじみのない名前ばかりです。沖縄の歴史に興味のある方なら三司官や親雲上、筑登之などの名前を聞いたことがあると思いますが、政治組織の内

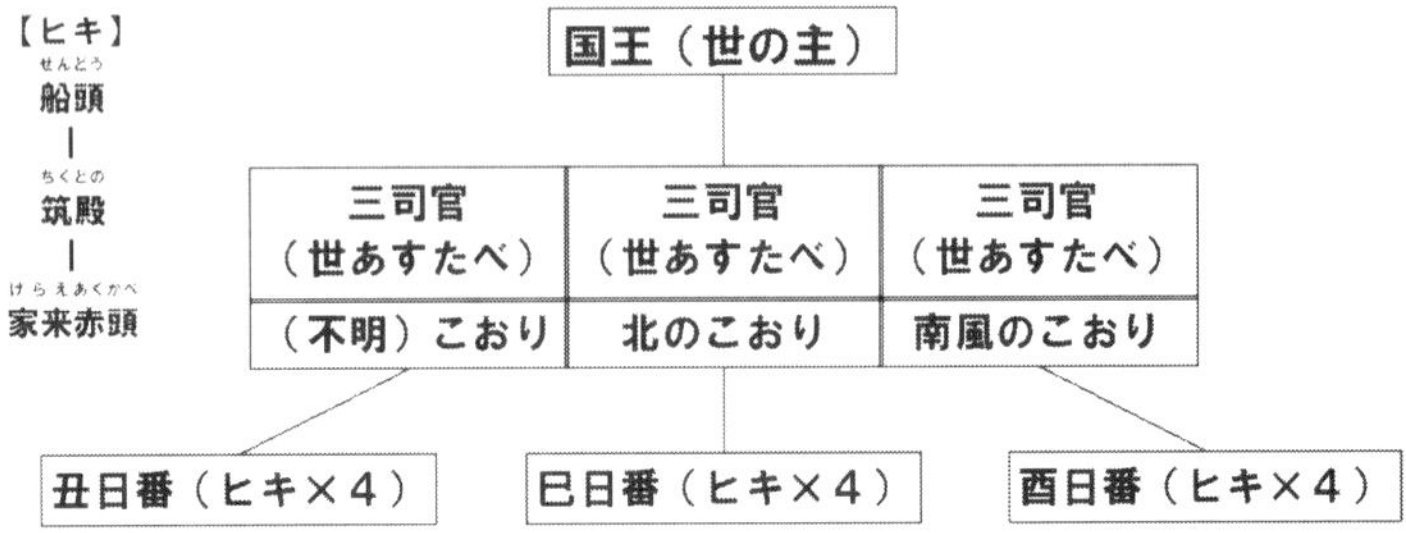

実はなかなか知られていないと思います。古琉球の行政組織のおもしろい仕組みについて紹介したいと思います。

その特徴は、行政組織が船の組織をモデルにしていたことです。

王府の役人は基本的に12のチームに編成されていました。このチームの名前は「ヒキ」と呼ばれています。「ヒキ」は、血縁・祭祀の集団、組織といった意味があります。

このチームのリーダーは「船頭《せんどう》」といい、副リーダーを「筑殿《ちくどの》」といいます。ちなみに前近代の日本では「知工（チク）」という、船頭の助手にあたる船乗り役があるそうです。「筑殿」も船に関わる役職名でしょう。12のチームはさらに3つのグループ（番）にまとめられていて、各グループのボスが琉球の3人制の大臣である「三司官（世あすたべ）」でした。三司官はもともと3つのグループをまとめる長だったのです。

なぜ組織のリーダーが「船頭」と呼ばれているのでしょうか。

それはこのチームが普段は首里城などで行政の業務をしながら、順番がまわってくるとチームごとに専用の貿易船に乗りこみ、そのまま船員となったからです。この船員のチームは戦争の時にはそのまま軍隊の一部隊にもなりました。

よく琉球には日本の武士のような軍事組織がなかったとカン違いされていますが、カン違いの理由は「ヒキ」と呼ばれる組織が行政・貿易・軍事の業務を代わる代わる行っていて、その存在がわかりにくいからでしょう（それに琉球が武器廃止令を出したというのは誤り。「武器のない国琉球？」69頁を参照）。

つまり古琉球の役人は、ある時は行政マン、ある時は船乗り、ある時は兵士と1人3役をこなしていたわけです。とくに琉球の政治組織が「船」をモデルにつくられていたことは、琉球という国が航海と密接に結びついていたことを表わしています。

社会のあり方がそのまま政治組織のあり方につながる例は、たとえば中国・清（女真族）の八旗制度にもみられます。

内陸アジアの遊牧国家を発祥とした清は、まき狩りの組織をモデルとした8つのグループに編成された組織（八旗）を持っていました。この組織は軍事組織であるとともに行政の組織で、女真族の基本的な社会組織でもありました。

清は草原を駆ける狩りの組織が、琉球は海原を駆ける船の組織が、それぞれ国家の編成のモデルとなったわけです。

参考文献：高良倉吉『琉球王国の構造』

琉球はどんな文字を使ってた？

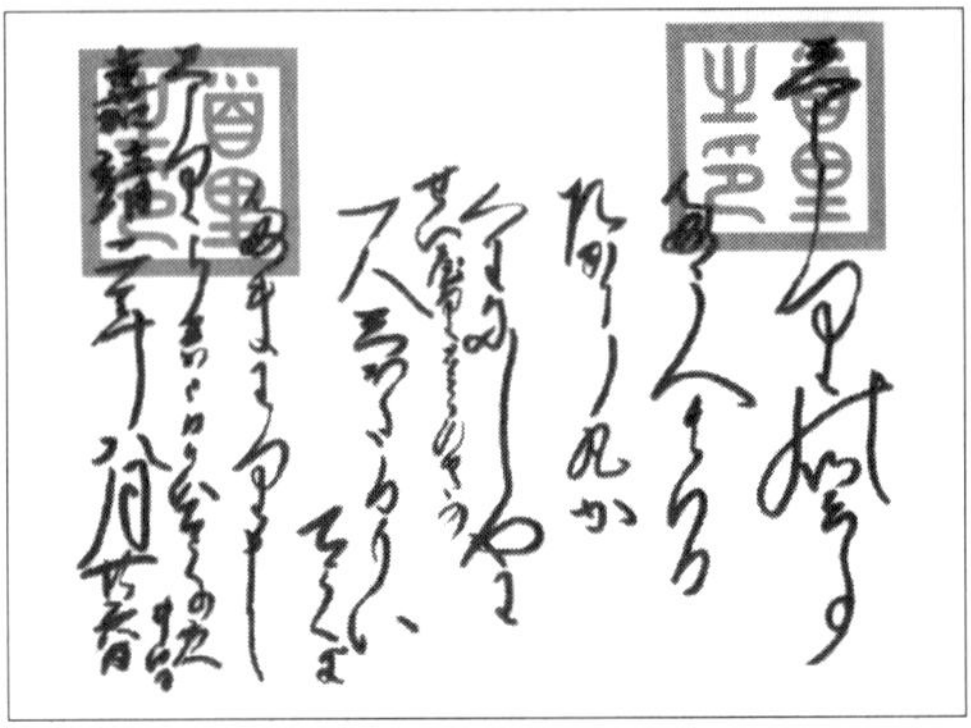

古琉球辞令書書

完全な独立国だった時代（古琉球）の琉球王国は、文書にどのような様式のものを使っていたのでしょうか。おそらく多くの人は、琉球王国が中国・明朝の朝貢国であったことから、中国風の漢文を使っていたのではないかと考えていると思います。しかし、国内の文書に漢文はほとんど使われていません。では琉球独自の文字があった？いいえ。実は、琉球国内で広く一般的に使われていたのは日本の「ひらがな」でした。

国王から家臣に出された任命（辞令）書は全て「ひらがな」の草書体で書かれ、中世日本で使われていた「候文《そうろうぶん》」という書き方と同じです。候文とは、文章の最後を「～です。」とするのではなく「～候。」と書く文体のことです。

もちろん琉球から明朝に送る外交文書には全て漢文が使

われています。しかし、これは琉球自身が漢文で書くことを選んだのではなくて、当時、明朝に外交の使者を送るには、明朝で使われている公文書の様式にのっとった外交文書を書かなくてはならなかったからです。これに違反した場合は、門前払いされてしまいます。だから日本も朝鮮も東南アジアも、明朝に出す外交文書は琉球と同じように漢文です。琉球だけが漢文を使っているということではありません。

古琉球時代につくられた石碑にも「ひらがな」が使われています。例えば、１５２２年に建てられた「真珠湊《まだまみなと》の碑文」と呼ばれる石碑には「ひらがな」が書かれています。文の末尾に書かれているのは三司官（三人の世あすたべ）の名前です。「まかねたる、くにかミの大やくもい」「まうしかね、かうちの大やくもい」「たるかねもい、たくしの大やくもい」と書かれています。これは国頭親方、幸地親方、沢岻親方のことです。当時はこのように呼んでいました。

「真球湊の碑文」
（首里城復元期成会 2000）

このような事実から、「琉球は日本と同じなんだ」という考えが出てくるかもしれません。しかし、実はそうではありません。結論は、「琉球と日本は同じではない」のです。なぜ!? いぶかしく思うかもしれませんが、その理由を説明しましょう。

まず、中世の日本は公文書で「ひらがな」を使いません。当時の主な公文書に使われていたのは、「和様漢文」という日本風に書かれた漢文。「ひらがな」は「女文字」とも呼ばれ、主にプライベートな文書に使われました。日本ではプライベートで使われる文字を、琉球では国家の公的文書に採用してしまうのです。これは日本とは全くちがうものです。さらに、琉球の公文書は「ひらがな」で書かれながら、年号に必ず中国年号を使用しています。これは琉球王国が明朝の朝貢国だったからなのですが、日本では国内文書に中国年号を使うことは絶対にありません。また琉球では「ひらがな」を使いながら、日本にはない琉球独特の言葉や表現を使っています。「ひらがな」を知っているだけでは、琉球の文章は、文字そのものは読めても意味はわからないのです。

このように、琉球で日本の「ひらがな」を使っているから「琉球と日本は同じだ」、という結論にはならないことがわかります。それは日本で中国伝来の漢字を使っているから「日本と中国は同じだ」ということにならないのと同じことです。琉球は外から入ってきた文化を取り入れて、自らのものにしてしまった、ということなのですね。

参考文献：高良倉吉『琉球王国の構造』
首里城復元期成会［編］『国王頌徳碑（石門之東之碑文）眞珠碑文（石門の西のひのもん）』復元事業書』

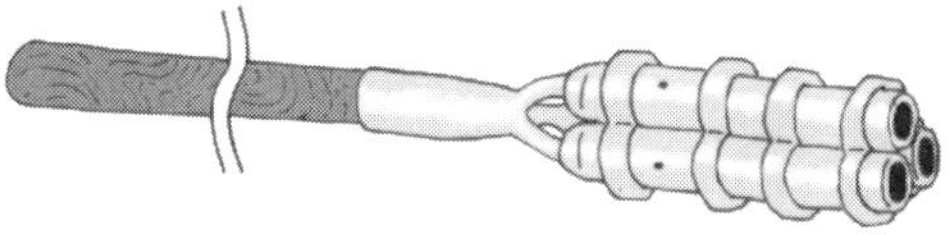
火矢

日本より100年早く伝わった鉄砲

日本への鉄砲伝来は1543年の種子島へ火縄銃が伝わったことが広く知られています。しかし琉球にはこれより約100年さかのぼった時期に鉄砲が伝来していた事実が最近、明らかになりました。

琉球の鉄砲についての最古の記録は1450年。「火筒」と呼ばれる小型の銃砲があったと書かれています。これは火縄銃より古い形式の鉄砲で、映画『もののけ姫』に出てきた石火矢と呼ばれた形式と同じものだったと考えられています。

15世紀、琉球の使者が室町将軍に会った際、「鉄放《てっぽう》」をぶっぱなして京都の人を驚かせたというエピソードは有名です。

また沖縄のグスク調査などでは、金属や石製の弾（最大10センチ）がごろごろ出てきます。これが鉄砲や大砲の弾丸だといわれています。

那覇港近くのロワジールホテルの裏には三重グスクという史跡があるのですが、ここは実は海上の砲台でした（現在はわずかに石垣が残っています）。琉球は当時の最新兵器である大砲を導入し、ここから那覇港に入ってくる倭寇《わこう》などの海賊船に対して大砲を撃ったのです。1609年、実際に島津軍が琉球に攻めてきた時、この砲台から島津軍の船を砲撃していったんは撃退しています。

この鉄砲は中国から伝わったものでした。当時の中国はすでに火薬と鉄砲が発明されていて、中国と交流のあった琉球はここから入手したのです。

また火薬の原料である硫黄が琉球ではたくさん採れました。つまり鉄砲に不可欠な火薬を作りやすかったわけです。

戦国時代の日本の戦いに一大革命を起こした火縄銃も琉球は持っていたようです。

1453年に種子島に伝来したといわれる鉄砲ですが、実はこの1年前にポルトガル人は東南アジアから中国に行く途中、嵐で琉球にたどり着いています。この時に火縄銃が伝来したか不明ですが、

屋良座森グスク

火縄銃を持ったポルトガル人がしばしば琉球に来ていたことは確実です。

さらに島津軍が琉球に侵攻する3年前の記録には、王府の高官が大小さまざまな「銃」を200丁も保有していたとあります。この「銃」は火縄銃の可能性があります。

考えてみれば、対外世界と活発に交易を行っていた琉球で、武器だけが全く伝わらなかったというのもおかしな話です。とくに当時の海域は倭寇などの海賊がウヨウヨしていた無法地帯でし

た。琉球もそのなかで最新兵器を取り入れて外敵に備えていたというわけです。

参考文献：當眞嗣一「火矢について」（『南島考古』13号）
上里隆史「琉球の火器について」（『沖縄文化91号）
中島楽章「ポルトガル人の日本初来航と東アジア海域交易」（『史淵』142）

500年前の〝沖縄移住〟ブーム―那覇にあった「日本人町」

かつて那覇は琉球王国の港湾として繁栄していました。琉球の中継貿易によってアジア各地からもたらされた舶来品が市場にならび、その品々を求めて様々な地域から人々が集まってきました。那覇はアジアでも有数の国際貿易港だったのです。外の世界からやって来た人々は、中国の福建から渡来した「閩人《びんじん》三十六姓」が有名です（「閩」とは福建地方の別名）。彼らは那覇の中央部に土の城壁で囲まれた「久米村」と呼ばれるチャイナタウンをつくり、そのなかには中国風の豪華な建物が並んでいました。実は、那覇にはチャイナタウンだけではなく、「日本人町」も存在していました。この事実は最近「発見」されたものです。

今ではほとんど昔の姿をとどめていない那覇の町ですが、かつての「日本人町」の残された跡をいくつか確認することができます。例えば「若狭町《わかさまち》」。この地名は、日本（ヤマト）の畿内地方の人が渡来して街をつくり、彼らが名づけたと伝えられています。「若狭」とはご存じのように、今の福井県にあたる昔の国名です。それから若狭町にある「波上宮《なみのうえぐう》」。かつては「波上熊野《なみのうえくまの》権現《ごんげん》」と呼ばれていました。神社なんて普通どこにでもあるじゃないか、と思うかもしれませんが、

若狭町のヤマト人墓地（○部分）（『沖縄志』より）

よく考えてみてください。沖縄はかつて琉球という独立国でした。神社は琉球にとっては「異国」の宗教施設です。今では残されていませんが、那覇に点在していた地蔵堂やエビス堂、天満宮、禅宗寺院など……これらも全て「異国」のもの。つまりこれらはヤマトから渡来した人々がもたらしたものなのです。また若狭町には戦前まで日本人の石塔墓地が残っていました。（上図参照）

15世紀頃（室町時代頃。第一尚氏の時代）の那覇を描いた地図（『琉球国図』）には、久米村のほかに「日本人」と「本島人（沖縄の地元民）」の家があると記されています。当時の那覇は「浮島」と呼ばれた島になっていて、その島にチャイナタウンの久米村があり、日本人と琉球人が雑居していたことがこの地図からわかります。

特徴的なのがヤマトから来た人々が地元民と雑居し

ている点です。日本と琉球は別々の国でありながらも文化的に非常に近い関係にありました。那覇に住みついた日本人たちは琉球人と一緒に暮したとしても、わりと違和感なくすごせたのではないでしょうか（もちろん全く同じとはいえないでしょうが）。久米村が土の城壁で囲まれた自分たちだけの地区をつくり、地元民と別々の生活を送っていたのとは対照的です。

　那覇に住みついたヤマトの人々は大阪の堺出身が多かったようです。当時の堺商人は日本各地や海外にも出かけて活発に商売をしていました。彼らは那覇に集まる舶来品を求めてはるばるやって来たのです。

　那覇に住む日本人は商人だけでなく、禅宗をはじめとした坊さんや文化人、技術者など様々でした。王府は彼らの一部を雇い、行政や外交の通訳官、王府の貿易活動にも従事させていました。17世紀（江戸時代初め頃）、茶道の師範として王府に仕えた堺出身の喜《き》安入道《あんにゅうどう》はよく知られています。何百年も前に「沖縄移住ブーム」はすでに存在していたのです。江戸時代初め頃の日本では、那覇には「日本人町」があると認識されていたようです。

　しかし那覇に住む日本人たちの活動は、日本と琉球の二国間だけで完結していたのではありませんでした。16世紀（戦国時代頃）になるとアジアでは「商業ブーム」が起こってヒトの移動が活発になり、様々な地域から人々が海外に乗り出します。当時は「国境」や「民族」という壁があまり意識されていないボーダーレス社会で、日本でも江戸時代初め頃までに10万人が東南アジアへ渡航・移住して、各地に「日本人町」をつくります。那覇は日本と東南アジアを往来する中継地として使われていました。つまり那覇の「日本人町」は、アジア各地につくられた「日本人町」

のひとつとして位置していたのです。

参考文献：上里隆史「琉球那覇の港町と「倭人」居留地」（考古学と中世史研究3　中世の対外交流）

緑茶大好き琉球人!?

沖縄でおなじみのお茶と言えば、ジャスミンの香りが特徴のサンピン茶。中国から伝わって現在でも親しまれています。ウーロン茶も本土で広まる以前からすでに沖縄で飲まれていました。しかし琉球王国の時代には「清明茶《せいめいちゃ》」や「高山茶《こうざんちゃ》」といった中国系のお茶のほかに、日本の緑茶も広く飲まれていたのはあまり知られていない事実です。

古琉球の時代、都の首里や港町の那覇には多くの禅宗寺院がありました。発掘調査では寺院跡から天目茶碗などが多く出土していて、仏教とともにお茶の文化も入っていたようです。1600年前後には堺から喜安《きあん》という茶道に通じた日本人が渡来し、茶道の師範として王府に取り立てられました。堺といえば、あの千利休のいた場所ですね。喜安も利休の流れをくむ茶人だったと伝えられています。やがて琉球で茶道は士族のたしなむ芸の1つとして位置づけられていきます。当時の琉球人はどのようなお茶が好みだったのでしょうか？

最近の研究によると、熊本県人吉市と球磨《くま》郡一帯で作られた求麻茶《くまちゃ》が人気だったといいます。求麻茶は士族から庶民まで広く好まれ、薩摩藩を通じて琉球に大量に輸入されていました。その理由は、求麻茶が緑茶のなかでも香りが強い種類だったこと。どうやら琉球の人々は、サンピン茶のような香りのあるお茶が好きな傾向があったようです。ただ、あれだけ人気のあった求麻茶は、現在の沖縄では忘れ去られてしまいました。

お茶は輸入するだけでなく、琉球国内で生産することも試みられました。

1627年に薩摩からお茶の種を持ち帰って現在の宜野座村漢那で栽培したのが最初で、1673年には久米島でも茶園が作られています。1733年には浦添に王府経営の茶園が開かれ、王家のために和漢の茶が生産されました。浦添市にある茶山団地がその場所です。現在では茶園の痕跡はありませんが、その名前だけが当時を伝えているわけです。王国滅亡直後の1882年（明治15）には年50斤（約30キロ）が生産されたといいます。

琉球の人々はサンピン茶だけでなく、さまざまな種類のお茶を楽しんでいたことがおわかりでしょう。ただ、あまりの琉球人の求麻茶好きぶりに、産地の農民たちはお茶の増産、重労働を強いられ、ついには生産者たちが百姓一揆《いっき》を起こしてしまいます。

まさか琉球の人々は自分たちが楽しんでるお茶のおかげで、海の向こうでそんな事態を巻き起こしてしまったとは夢にも思わなかったでしょう……。

参考文献：武井弘一「茶と琉球人」（『南島における民族と宗教　沖縄研究ノート』19号）

独特！　琉球のタスキがけ

着物を着ていた昔、激しい運動や作業をするときにジャマになるのが着物の袖《そで》。そのため、袖を体の脇にたぐりよせ、ヒモでしばって腕を動きやすくする方法が「タスキがけ」です。時代劇などでよく見かけるこの方法ですが、琉球ではちょっと変わった独特の「タスキがけ」をしていました。

それが琉球の「袖結《ゆ》い」という方法です。読んで字のごとく、袖を後ろに結んでジャマにならないようにします（図を参照）。いつ頃から始まったかは不明ですが、ヤマト（日本本土）から琉球を訪れた浄土僧・袋中《たいちゅう》が１６０５年に書いた『琉球神道記』には、この琉球の袖結いについて「何ごとぞや（何だコレは？）」と述べています。彼はこの奇妙な風習をインドなどの事例と比較して理解しようとしています。

近世の「冊封使行列図」にも、琉球役人たちの行列で比較的身分が低い赤ハチマチの者たちが袖結いをしているのを確認できます。１６６９年以前は木・石・鉄の三奉行の役人が公事の際に袖結いをすることが定められていました（『琉球国旧記』）。

この袖結い、どうも2タイプの方法があったようです。１つはこれまで紹介した袖を結う方法。そしてもう１つが袖を後方にたぐりよせ、１本のヒモで両袖を結ぶ方法です。このヒモを使う方

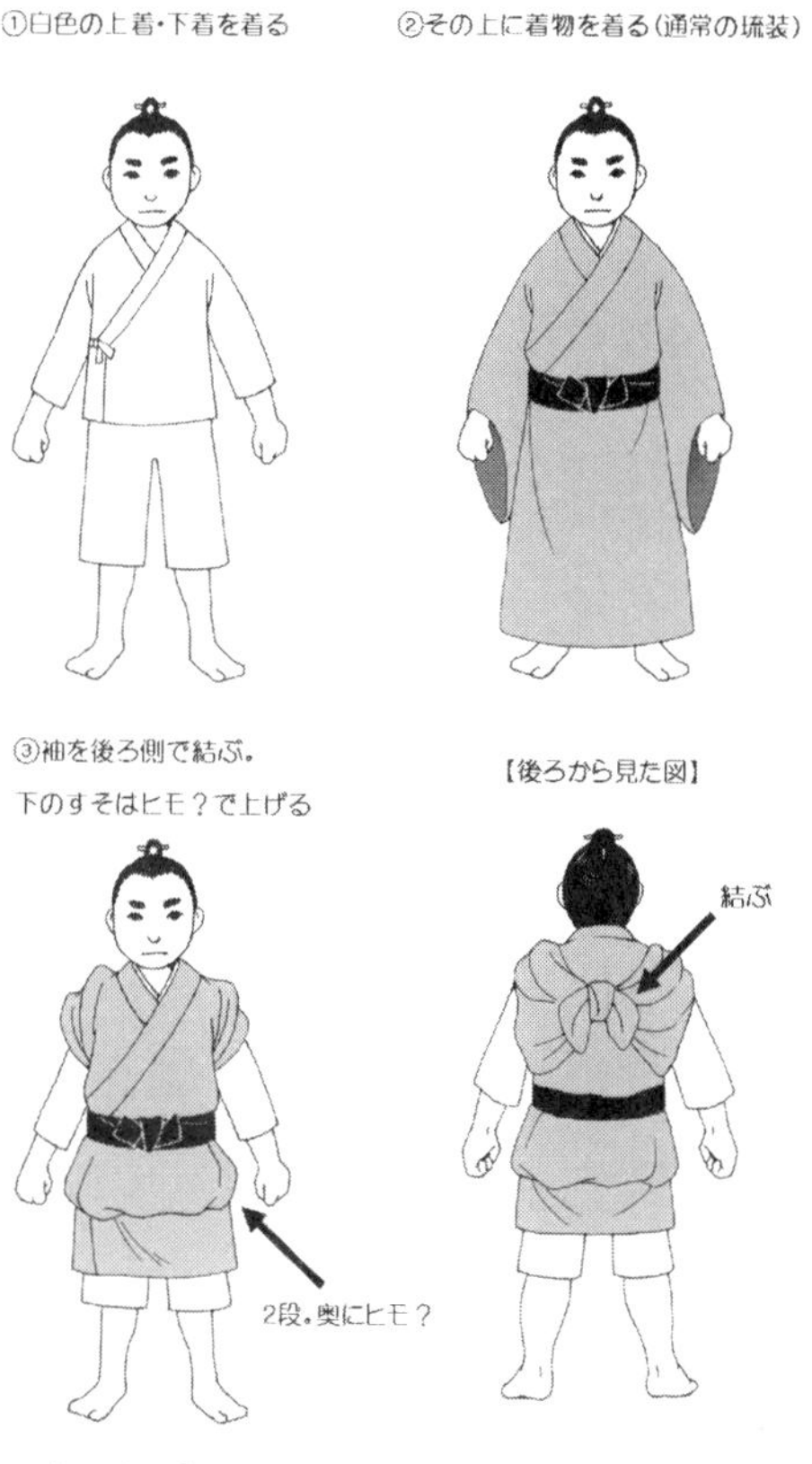
①白色の上着・下着を着る
②その上に着物を着る(通常の琉装)
③袖を後ろ側で結ぶ。
下のすそはヒモ？で上げる
【後ろから見た図】
結ぶ
2段。奥にヒモ？
イラスト：和々

法は現在でもエイサーなどの衣装でみることができます。また王国時代の那覇大綱挽《おおつなひき》を描いた絵図でも、参加者はみなヒモを使う袖結いをしているのを確認できます。

2011年に放送された琉球王朝が舞台のNHKドラマ「テンペスト」では、首里城の門番などの衣装でこの袖結いを再現しました。1992年の大河ドラマ「琉球の風」では兵士や門番はタスキがけでしたが、今回はこだわって沖縄風にしてみました。実際にやってみるとわかりますが、この袖結い、背中で袖を結ぶので1人では結べません。誰かに手伝ってもらわないといけないのが面白い点です。それとも、王国時代には1人で結べる袖結い名人がいたんでしょうかね？

参考文献：『琉球国旧記』、袋中『琉球神道記』「冊封使行列図」（沖縄県立博物館蔵）
鎌倉芳太郎『沖縄文化の遺宝』

ニート君は島流し

琉球王国時代には現代の我々から考えると少々おかしな罰が存在していました。それは家族・一族のなかで学問や仕事に励まず遊んでばかりいる者や、親族の言うことを聞かない乱暴者などの問題児を、親族が王府に訴えて島流しにしてもらう刑です。つまり今風にいえば「ニート君島流しの刑」ですね。罪はあくまでも親族の訴えによって発生し、島流しの年数や流される場所まで、訴えた親族が自由に決めることができました。琉球王国時代のニート君は、史料中には「気《き》随意者《まかせもの》」という表現で出てきます。

いくつかの事例を紹介しましょう。事件の当事者は、兼城間切《かなぐすくまぎり》（今の糸満市）糸満村のタラ玉城容疑者（26才）。タラはある罪で渡名喜島へ3年の島流しの刑に処せられたのですが、渡名喜島へ向かう途中滞在した渡嘉敷島の家のメシがまずいという理由で舟を盗んで脱走、ひそかに糸満村の母のもとに帰りました。ところがタラのあまりの放蕩ぶりに母が耐えきれず、島流しにしてくれと役所に訴えて事が発覚、タラは逮捕され、宮古島へ再び島流しにされることとなります。

ここで興味深いのは、タラは脱走の罪で罰せられたのではなく、母からの訴えによる放蕩者を懲らしめるための刑で罰せられたことです。親族の訴えによる島流し刑のほうが重く、他の刑より優先されていたようです。

ちなみに犯罪者であるタラを母がかくまったことについては、親子の情愛でしてしまったことだからと、罪に問われませんでした。

島流しにされたのは庶民だけではありませんでした。1687年、浦添按司は親戚の訴えで粟国島に流されます。彼はじつに23年間も島流しにされていましたが、彼はそれまでの地位を剥奪《はくだつ》されず、お供もついていました。この異例の待遇から彼の島流しが一族のトラブルメーカーであったという単純な理由ではなく、何かウラがありそうな感じがします。

ともかく王府の高官でさえ親族の訴えによる島流しの刑は例外ではなかったことがわかります。ニート君たちにとってはまことに恐ろしい罰です。世が世なら僕も島流しの刑をくらうでしょうね（苦笑）。やはり訴えられたら負けかなと思ってしまいます。

参考文献：比嘉春潮・崎浜秀明編『沖縄の犯科帳』
田名真之『近世沖縄の素顔』

昆布と富山のクスリ売り

昆布はクーブイリチー（昆布の炒めもの）や汁ものをはじめ、今や沖縄料理にかかせない食材です。沖縄の昆布消費量は全国トップクラスといわれます。しかしタイトルの「昆布と富山のクスリ売り」。それが沖縄の歴史とどんな関係があるのでしょう。

沖縄で昆布が広く食べられるようになったのは江戸時代（近世）のことです。ご存じだと思いますが、昆布は沖縄で採れません。沖縄で食べられる昆布は移入されたものです。ではその昆布はどこで採れたものなのでしょうか。実は、琉球で食べられていた昆布はエゾ地（北海道）産でした。

18世紀、エゾ地は開発が進められ、釧路や根室の沿岸で採れる昆布がニシンなどとともに北前船で出荷され、流通するようになります。昆布は日本海沿岸を通り、最後には大坂市場に運ばれていきます。そして、この昆布の流通網と結びついていたのが富山のクスリ売りでした。彼らは東北から九州の薩摩まで販路を広げてクスリを売っていました。その富山のクスリ売りが目をつけたのが、琉球が中国からもたらす漢方薬の原料です。琉球は中国から大量の漢方薬の原料を輸入していて、クスリ売りにとって貴重な漢方薬はノドから手が出るほど欲しいものでした。そこで富山のクスリ売りは薩摩を介して、日本海ルートでもたらされる昆布を代価に琉球の漢方薬をゲットしたのです。

こうして琉球にはエゾ地産の昆布が入ってくるようになり、昆布は琉球社会に定着します。祝い事に昆布が贈り物として使われたり、昆布料理が作られたりと、生活に欠かせないものとなっていきます。さらにこ

の昆布は琉球国内だけで消費されるにとどまらず、中国への輸出商品にもなり、やがて昆布は琉球から中国に輸出される主要商品としての位置を占めるようになります。エゾ地の昆布はめぐりめぐって琉球へたどり着き、さらに中国にまでもたらされることになるのです。
ふだん何げなく食べている沖縄料理の昆布。実は沖縄の歴史が生んだ食材だったのです。島国である沖縄は決して孤立していたのではなく、外の世界との関係のなかで成り立っていたことがよくわかる一例です。

参考文献：真栄平房昭「琉球貿易の構造と流通ネットワーク」（豊見山和行編『日本の時代史』18）

お風呂と琉球

日本人は風呂好きだとよく言われます。たしかに寒い季節にザブリと湯船に入って温まるのは気持ちのいいものですね。日本人の風呂好きは今に始まったことではありません。例えば面白いところでは、500年前の朝鮮の釜山には日本人の居留地（富山浦）があったのですが、この付近にあった東萊《トンネ》温泉に日本人たちがワンサカと出かけていき、彼らを運ぶため地元民と馬が始終かり出されて大変迷惑をしている、との記録があります。

一方、沖縄ではどうでしょうか。現在の沖縄には湯船がなく、シャワーだけ取り付けられている住宅がけっこうあります。亜熱帯地域の沖縄では熱いお湯につかる習慣はあまりなく、「湯船につかるよりシャワー」が沖縄の入浴の基本でしょう。気候条件にくわえてアメリカ統治時代の影響もあると思いますが、意外にも戦後の沖縄には数多くの銭湯があったようです（現在ではほとんど廃業して残っていません）。

王国時代にも共同浴場がありました。那覇西村の「湯屋」と呼ばれる場所です（今の真教寺付近）。戦前まで「湯屋の前《ゆーやーぬめー》」という地名が残っていました。この湯屋は、何と日本から渡来してきた上方（畿内方面）の人がつくったもの。時期も古琉球時代（中世）にさかのぼります。当時の那覇は数多くの日本人が居留していました。おそらくこの湯屋は彼らのためのものでしょう。日本人は、やはりどこにいても風呂に入らないと気がすまないようです。

円覚寺

しかし、当時の風呂はただの入浴施設ではありませんでした。中世の日本では、入浴は「斎戒沐浴《さいかいもくよく》」というような身を清める宗教行為でもありました。日本の寺院では浴室がつくられて儀式とともに入浴が行われ、また浴室がお坊さんたちの会合の場にもなっていました。琉球でも中世の日本から禅僧たちがさかんに渡航していたので、禅宗とともに入浴の文化が持ちこまれたのです。

１４９４年、京都の禅僧・芥隠《かいいん》和尚によって建立された円覚寺にも浴室があったようです。しかし建て替えや改修が繰り返されていくうちに、円覚寺に浴室はやがて無くなってしまいます。最近行なわれた円覚寺の調査でわかったのは、寺院建築は日本のような七堂伽藍をそなえているものの、当然あるべき浴室が無く、かわりに井戸があったこと。以前、発掘関係者の話を聞く機会がありましたが、「高温多湿の沖縄では熱い湯に入浴するよりも水浴びのほうが好まれ、井戸を七堂伽藍の浴室に見立てて使ったのではないか」とのことです。

沖縄では湯船よりもシャワー。この文化は王国時代からそうなのかもしれません。

参考文献：村井章介『中世倭人伝』、国立歴史民俗博物館編『中世寺院の姿とくらし―密教・禅僧・湯屋―』
沖縄県立埋蔵文化財センター編『円覚寺跡―遺構確認調査報告書―』

●入浴の決まりごと

王国時代、那覇西村にあった共同浴場の「湯屋」には、入浴の際の決まりがちゃんとあったようです。１６８０年（康熙19）に王府から風呂炊きの中村渠仁屋《なかんだかりにゃー》に申し渡された通達が残っているので紹介しましょう。

（1）風呂に入る時間帯については、男は午後4時から8時まで、女は午後10時から。

（2）浴場ではどんな者でもマナーを守ってなるべく規律よく入り、大声でおしゃべりをしてはならない。

（３）皮膚病の者は入ってはいけない。もし後日発覚すれば厳しく罰する。
（４）風呂に入らない者が立ち寄って風呂の中を見物してはいけない。

琉球の浴場で特徴的なのは、男女別々に入浴していることです（1条目）。江戸時代の日本では入浴は男女混浴が普通で、風紀を乱すものとして後に禁止令も出されましたが、混浴は無くならずに明治の初め頃まで続いていました。琉球では入浴の時間帯をずらすことで男女別々の入浴をしていたようです。

また４条目は、要するに「のぞきは禁止！」ということ。風呂にも入らないのにゾロゾロとのぞきにくる者がたくさんいたということでしょうか。

法令は、ある問題の対策のために発されるもの。マナーを守らない人たちがいたからこそ、このような法令が発されたと考えていいと思います。

ところで、この法令が発されてから約２００年後、新聞の投稿欄「読者倶楽部」には次のような投稿が寄せられています。

泉崎某医者はこの間、才之神和泉湯で尻も洗わずして湯壷に入りおった、モウ少し公衆のために衛生を重んじたらどうだろう

（１９０６年6月24日「琉球新報」、ペンネーム：目撃生の投稿）

いつの時代でも、「マナーを守りましょう」が合い言葉になるようですね。

参考文献：『東恩納寛惇全集』6巻、「琉球新報」1906年6月24日

これが元祖『御願ハンドブック』

沖縄県産本のスーパーヒットとして有名なのは、『よくわかる御願《うぐゎん》ハンドブック』（ボーダーインク刊）。沖縄で古くから行われている年中行事や「拝み」の儀式をわかりやすく解説したマニュアル本です。この本の爆発的ヒットという現象は、伝統的行事や儀式がいまだに現代の沖縄社会のなかで生き続けていることを示しています。逆にマニュアル本の流行に「最近の若い者は御願のやり方もわからんくなったさ〜」というオジイ・オバアのなげきも聞こえてきそうです。

実はこの『御願ハンドブック』の大流行の約300年も前、同じように琉球で御願のマニュアル本が流行したことがあります。そのマニュアル本とは、1738年に書かれた『四本堂家礼《しほんどうかれい》』。これが元祖『御願ハンドブック』です。この本の作者は蔡文溥《さいぶんぷ》。またの名を祝嶺《しゅくみね》親方《うぇーかた》天章《てんしょう》といい、久米村出身の学者として有名な人物です。「四本堂」とは彼の別名で、『四本堂家礼』とは要するに「蔡さんの家の礼法」という意味なのです。

蔡文溥は清代初めての国費留学生として中国で学び、帰国後は国王の教師にまでなっています。そして彼は子孫の守るべきしきたりとして、自分の家で行われている儀式や慣習を中国古来の礼法を記した『朱子家礼』を参考にまとめたのです。その内容は冠婚葬祭や年中行事の礼法85項目からなります。位牌の形式や供えものの種類、祭壇への配置の仕方まで図入りで丁寧に解説してあります。この『四本堂家礼』は蔡氏個人の家だけでなく、やがて王府の高官のみならず久米島や石垣までの士族の間にも広まり、琉球の士族全体の『御願ハンドブック』として活用されたのです。

現在、沖縄の人たちが行っている伝統的な年中行事には、この元祖ハンドブックが元になっているものが結構あります。例えば旧暦3月に行われる清明祭（シーミー）。

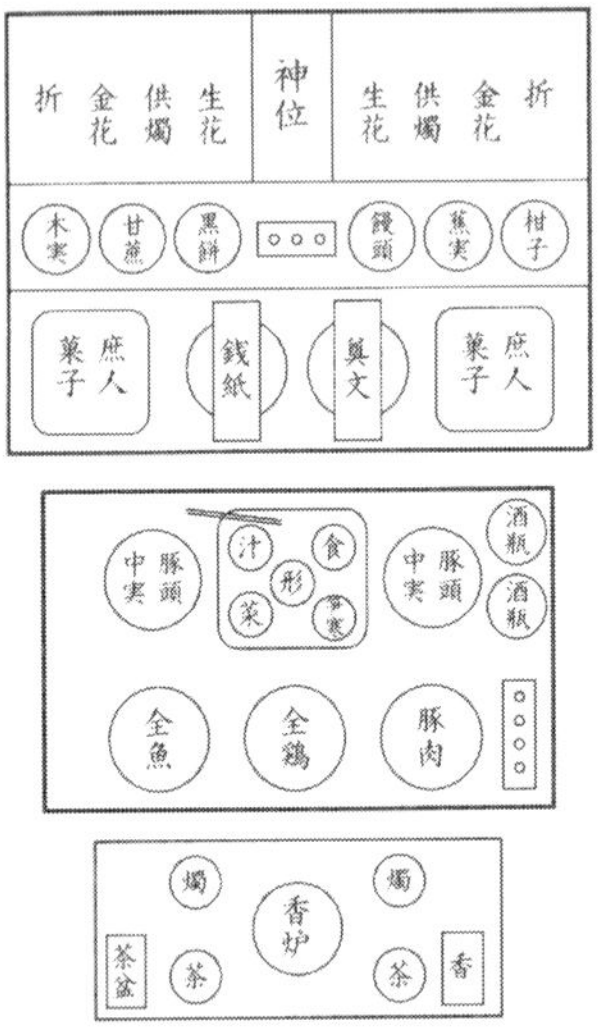

『嘉徳堂規模帳』に記された位牌や供え物の配置図

1768年に王家の墓・玉陵で行われたのが初めてとされていますが、実は、この40年前に書かれた『四本堂家礼』には清明祭の記述があり、蔡氏一門がすでに行ってたことがわかります。蔡家は琉球の御願の最先端をいっていたのです。ただこの元祖のハンドブックには、現在拝みの対象になっていない神様もあります。それは「大和神」です。中国系久米村の家に何と神棚があって大和神（善興寺境内にあった天神）を祭っていたのです。さらにこの大和神は火の神（ヒヌカン）と習合していて、火の神はさらに「火神菩薩」とも呼ばれています。かつての火の神は台所のカマド神だけではない側面を持っていたようです。

中国で学んだ蔡文溥は、琉球の御願をより中国風にすべく元祖ハンドブックを書いたはずなのですが、それでも彼は大和神について何の疑問をいだくことなく、拝みの対象にしています。琉球が「中国化」する以前、中国系久米村においてすら文化は「純粋培養」されていたわけではなく、様々な要素が混ざり合っていたのです。

この元祖御願ハンドブックから140年後、王国末期に書かれたマニュアル本に『嘉徳堂規模帳《かとくどうきもちょう》』があります。ここでは拝みの対象に大和神は消え、床の神と中国の文昌帝君が加わり、より中国的信仰が濃くなっています。この本は現在伝わるしきたりのカタチに近いといえますが、それでもなお火の神は「火神観音」として観音信仰と結びついています。

このように御願は時代を経てだんだんと変わっていき、その中で生まれた慣習がマニュアル本によって琉球全体に広まっていったことがわかります。ただ、そこでも唯一変わらないものは、人々が幸せを願う「祈り」そのものであるといえるでしょう。

現代の『御願ハンドブック』は、人々の「祈り」の新しいカタチとして、これから次の時代へと伝えられていくのかもしれません。

参考文献：『よくわかる御願ハンドブック』
小川徹『近世沖縄の民俗史』

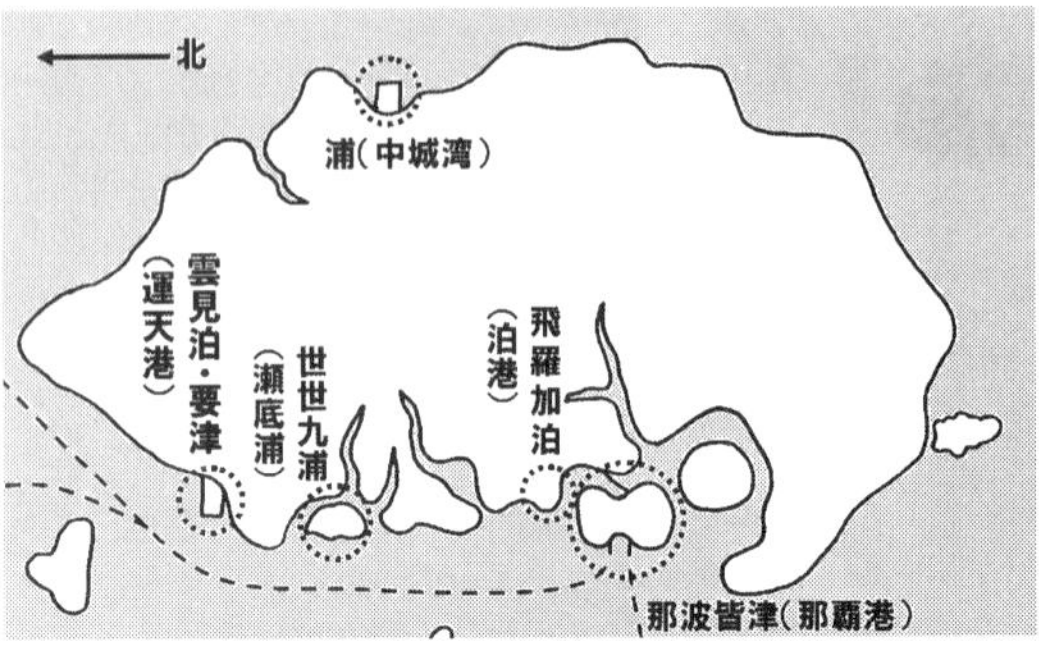

『琉球国図』沖縄本島に記載された港

海が歴史をつくる

沖縄の歴史は海とともに育まれてきました。人々は移動手段として船を利用し、島嶼間をさかんに往来しました。船と移動、海に囲まれた地理的環境を念頭に置きながら、沖縄の歴史をみていく必要があるように思います。

南西諸島ではどこの海岸でも船の停泊ができると思うかもしれませんが、実はそうではありません。島々はほとんど周囲をサンゴ礁で囲まれており、風を頼りに移動する帆船は座礁する危険が常にありました。また台風の際には、外海に船を停泊させていると波の影響をもろに受け沈没してしまいます。海外に渡航するような大型船が停泊できる場所は、沖縄にほとんどなかったのです。

18世紀の政治家・蔡温は『独物語《ひとりものがたり》』のなかで、琉球には良い港が少なく、リーフ（干瀬）で船の座礁が続出していることを挙げ、サンゴ礁を開削して各間切に港を新設することを提案しています（真栄平房昭「蔡温の海事政策」)。近距離を移動する中小型船でさえ、このありさまだったのです。

ところで、当時の海を移動する人々の地理感覚をうかがえる興味深い史料があります。15世紀中頃の様相を記した『琉球国図』(沖縄県立博物館・美術館蔵)です。南九州―琉球間の航海図で、作成には博多の海商が関与したと考えられています。図中には赤い線で航路、島々と博多からの距離が記されています。そこで注目されるのが「港」の記載です。沖縄島には4つの港湾拠点しか記されていません。那覇港、運天港、瀬底浦(本部の渡口港か)、そして中城湾です。海をよく知る当時の航海者たちがこれらの場所を停泊拠点と認識していたことは大きな意味を持ちます。

那覇・運天・中城湾の3つの港湾の近くには琉球の政治的な重要拠点がありました(瀬底は「浦」の記載がありますが、港を示すマークが付いていません)。那覇港には琉球王府が所在する首里城。運天港には北山王と北山監守の居城であった今帰仁グスク。中城湾にはその繁栄ぶりをヤマトの鎌倉に例えられた勝連グスク。これは偶然の一致なのでしょうか。いや、そうではないと思います。海から港湾へ流入する富と力を得たことによって、彼らは勝者となることができたのではないでしょうか。

権力者が港を生み出したのではなく、港が権力者を生み出したのです。

参考文献:上里隆史・深瀬公一郎・渡辺美季「沖縄県立博物館所蔵『琉球國圖』」(『古文書研究』60号)
真栄平房昭「蔡温の海事政策」(『しまたてぃ』38号)

琉球は東南アジアだ

「上里君、古琉球は東南アジアだよ」

かつて、中世日本史の村井章介氏（東大名誉教授）からこう言われて、その真意をはかりかねたことがあります。しかし古琉球のことを調べていくうちに、その歴史のなかに東南アジア的側面を強く感じることになりました。それは個々の事例の相似によるものではありません。社会や歴史のあり方そのものが共通しているのです。

古琉球はヤマト（日本本土）文化に近い関係を持ちながらも、国内外の体制は中国無しでは成り立たない政治・社会システムを築きあげました。政治・交易中枢は那覇・首里に一極集中し、港市にはさまざまな外来者が住み、単一のエスニシティを持たない彼らは、琉球の権力内部に他者ではない「われわれ」として深く関与しました。このありようは東南アジアの港市国家とまったく同じです。

桃木至朗氏（東南アジア史研究者）は、東南アジアは固定化されない「不安定な生成流転の渦」によって成り立つ社会で、世界宗教・世界文明のような《原理的オリジナリティー》を主張しないと説きます。また「国家を支える制度、神話、宗教などの諸要素は、インドや中国やアラビアからきたものばかりだ。オリジナリティーはそれらの採り入れ方、組み合わせ、機能のさせ方にある」と主張します（『歴史世界としての東南アジア』）。これはまさに古琉球の世界ではないでしょうか。ちなみに桃木氏も「琉球王国は東南アジア的性格をもつ」と述べています。

かつて伊波普猷《いはふゆう》や柳田国男は琉球文化に純粋な「日本」、あるいは古代の「日本」を見出そうとし、また戦後の歴史研究では「中国」の冊封体制に寄り添って中国的要素を強調し、ヤマトからの独自性を確保しようとしました。しかし、どちらの純粋な原理的要素を抽出したところで、それらは全体の中のかけらにすぎません。

琉球・沖縄の「本質」を突き止めるために、起源や出自探しをするのはもうやめたほうがいいのではないでしょうか。どのような文化が流入し、どのような人々が来ようとも、南西諸島に住む人々は数百年の歴史の過程でそれらを選択的に受容、自己流に改造し、「琉球」と呼ぶしかない主体を自らの手で作り上げました。それこそが琉球の独自性なのです。

参考文献：桃木至朗『歴史世界としての東南アジア』

中国化する琉球

琉球というと、中国の影響が強くあって、昔は中国風の文化だったのが、近世（江戸時代）に薩摩藩に征服されてから次第にヤマト（日本）化していったと考える方も多いと思います。しかし、事実は全く逆。琉球は薩摩に征服された後に「中国化」していくのです。

もちろん琉球は中国（明・清）の朝貢国だったので、中国の影響が全く無かったわけではありません。しかし近世の琉球は中国文化をとくに積極的に取り入れていきます。

例えば首里城で行われる儀式。近世以前の王府儀礼は中国の拝礼様式を参考にしつつも、何とヤマトの陰陽道《おんみょうどう》の方式が取り入れられていました。王府の重要な儀礼のひとつである元日の天を拝む儀礼では、年ごとに縁起のいい方角に向かって王や官人が拝んでいましたが、これは「歳徳神《とし とくじん》（恵方《えほう》）」の信仰にもとづくものです。この信仰は節分に食べる恵方巻き（まるかぶり）を思い浮かべていただければわかりやすいと思います。

しかし、この恵方を拝む古琉球伝統の風習は1719年に廃止され、北方の方角（中国皇帝のいる北京の紫禁城）を拝むという方法に変更され、より中国的な形式が強調されます。

琉球の天を拝む儀式はヤマトの信仰に影響されつつも、王を〝太陽《テダ》〟や〝天〟と一体と見る古球の伝統的な考えをもとにしていましたが、本来、天を拝む儀式は中国皇帝（天子）だけに許されたものでした。近世になり中国的な考えが意識されだすと、「これはけしからん」という批判が出てきます。そこで王府は、この儀礼は中国皇帝の方向を拝むためだと何とか理由づけして、中国風に変更して続けていくのです。

さらに近世の琉球社会では、中国の儒教をもとにした価値観が広まっていきます。それ以前の儒教は中国系の久米村など一部で受け入れられていたにすぎませんでした。ところが、琉球王府は儒教イデオロギーを国家的な思想として採用していきます。

久米村によって主宰されていた孔子廟の祭礼は、やがて国家的祭礼に引き上げられ、歴代王に対する祭祀も久米村の意見を聞いて、可能なかぎり中国式の祭祀方法に変更します。国家の教育も儒教をもとに行われるようになり、庶民には儒教倫理のテキスト「御教条《ごきょうじょう》」を読み聞かせていきます。さらに中国の風水思想も導入され、亀甲墓・シーサー・石敢当・ヒンプンなどが次々と琉球に定着します。こうした文化が琉球全体に普及したのはこの時期です。

琉球の「中国化」はこれだけではありませんでした。何と、琉球近海を航行する船も「中国化」します。意外に思うかもしれませんが、かつて琉球の一般的な船は中国のジャンク船ではなく、和船タイプの船でした。ジャンク型の進貢船はむしろ例外的なものだったのです。18世紀になると、琉球の船は王府の指導によって「マーラン（馬艦）船」と呼ばれるジャンク船タイプにモデルチェンジされます。マーラン船は安価で頑丈な造りの高性能船だったので、またたく間に広まっていくのです。

では、なぜヤマトの支配下に入ったはずの琉球で、中国的志向が強められていったのでしょうか。ひとつは羽地朝秀から蔡温の時代にかけて行われた琉球の改革が影響していると考えられます。古い時代に代わる新しい価値として、儒教に代表される中国的なものが重視されたのではないでしょうか。また、中国・清朝が次第に琉球の朝貢貿易を縮小させようとしたことにも原因があるとみられます。琉球はこうした清朝の動きに対し、「中華」に忠実に従う「優等生」ぶりをアピールすることで、従来の関係を維持しようと考えたのです。中国との関係をこれまで通り維持することは、貿易活動のみならず、中国皇帝の権威によって王が国内での求心力を得るために絶対必要でした。

それともうひとつ。近世の琉球はヤマトの幕藩制国家に従属した存在となって様々な政治的規制を受け、また経済面においてはヤマトとの一体化が進行していました。琉球はヤマトに完全に呑み込まれないように、中国を拠りどころにして新たな琉球のアイデンティティを確立しようとしたと考えられるのです。日中両国の間で絶妙のバランスをとって「琉球」という主体を存続させようとした戦略をそこに見ることができるのではないでしょうか。

参考文献：豊見山和行『琉球王国の外交と王権』
赤嶺守『琉球王国』

武器のない国琉球？

琉球といえば、「武器のない国」としてイメージされる場合が多いと思います。平和を希求する尚真《しょうしん》王が武器を捨て世界にさきがけて〝非武装国家宣言〟をしたとか、ナポレオンが武器のない琉球の話に驚いたというエピソードも、これらを根拠づけるものとしてよく引き合いに出されます。

しかし歴史を詳しく調べていくと、事実は全くちがうことがわかります。まず尚真王は武器も廃棄していないし、〝非武装国家宣言〟も出していません。刀狩りの根拠とされた「百浦添欄干《ももうらそえらんかん》之銘《のめい》」（１５０９年）という史料にはこう書かれています。

「もっぱら刀剣・弓矢を積み、もって護国の利器となす。この邦の財用・武器は他州の及ばざるところなり」

刀狩り説は、これを「武器をかき集めて倉庫に積み封印した」と解釈していました。しかしこの文を現代風に訳すると、何と「（尚真王は）刀や弓矢を集めて国を守る武器とした。琉球の持つ財産や武器は他国の及ぶところではない（他国より金と軍備を持っている）」という意味になるのです。尚真王は武器を捨てるどころか、軍備を強化しているのです。

実際に、1500年の王府軍による八重山征服戦争では軍艦100隻と3000人の兵が動員され、1609年の薩摩島津軍の侵攻に対しては、琉球は4000人の軍隊で迎え撃ち、最新兵器の大砲でいったんは島津軍を阻止しています。

尚真王が刀狩りをしたり軍備を廃止した事実はなく、この時期にそれまでの按司のよせ集めだった軍団から、王府指揮下の統一的な「琉球王国軍」が完成したというのが真実なのです。

古琉球の歌謡集『おもろさうし』には数々の戦争をうたったオモロ（神歌）が収録されています。そのなかでは、琉球王国の軍隊のことを「しよりおやいくさ（首里親軍）」と呼んでいます。聞得大君に関するオモロを集めた巻では、全41首のうち、実に4分の1にあたる11首が戦争に関するオモロです。古琉球時代では武装した神女（ノロ）が霊的なパワー（セヂといいます）を兵士たちに与え、戦争にのぞんでいた様子をうかがうことができます。沖縄には「イナグヤ戦ヌサチバイ（女は戦のさきがけ）」という言葉も残っています。当時は霊的なパワーも実際の戦闘力と同じように考えられていたので、兵士たちが戦う前には、両軍の神女たちがお互いの霊力をぶつけ合う合戦が行われていたようです。

当時の琉球の人々はこの霊力（セヂ）の存在を本気で信じていたようです。島津軍が琉球侵攻の準備を着々と進めていた時期、琉球に渡航した中国の使者は、王府の高官たちに「日本が攻めてきそうだ。ちゃんと備えているのか」とたずねたところ、高官たちは「大丈夫です。我々には琉球の神がついております！」と自信満々に答えて使者を呆れさせたことがありました。琉球の高官たちは、強力な霊力を持つ聞得大君をはじめとした神女たちが島津軍の兵士たちを次々と倒していく光景を想像していたのかもしれませんね。

実際には戦国乱世をくぐりぬけてきた島津軍には全く通用しませんでしたが……。

参考文献：上里隆史「古琉球の軍隊とその歴史的展開」（『琉球アジア社会文化研究』5号）

●「武器のない国琉球」のイメージとは

それでは近世（江戸時代）の琉球はナポレオンが聞いたように「武器のない国」だったのでしょうか。答えは「ノー」です。

たしかに薩摩に征服されてからは、かつてのように琉球王府が自在に動かせるような軍隊はなくなったようです。そのかわり琉球の防衛は、幕藩制国家のなかの薩摩藩が担当することになりました（「琉球押《おさ》えの役」といいます）。

薩摩藩は琉球に軍隊を常駐させることはありませんでしたが、有事の際には薩摩からただちに武装した兵士たちが派遣されました。つまり琉球は近世日本の安全保障の傘に入っていたのです。琉球は薩摩藩の支配下に入っていたので、当たり前といえば当たり前です。

また琉球の貿易船が出港する際には、薩摩藩から貸与された鉄砲や大砲を装備して海賊の襲撃に備えていました。琉球国内では鉄砲以外の武器の個人所有は禁止されていませんでした。

それに注意しなくてはいけない点がひとつ。近世の琉球はたしかに大きな戦争もなく「平和」な状況が何百年も続きましたが、それは琉球だけにかぎったことではありません。江戸時代の日本は「天下泰平」といわれた、かつてないほど平和だった時代。もともと軍人であった武士も、戦いより学問や礼儀を重んじる官僚となっていきます。さらに周辺諸国でも大きな戦争はなく、それ以前の時代では考えられないほど東アジア世界全体が「平和社会」となっていた時代だったのです。琉球だけが平和だったのではありません。

それにナポレオンが聞いた話は、琉球を訪れた欧米人バジル・ホールの体験談であって、彼は琉球社会のほんの一部分を見て判断していたにすぎません。ホールはさらに「琉球には貨幣もない」とまで言い切っています（もちろんそんなことはありません）。

琉球の「武器のない国」というイメージはどのように作られ、広がっていったのでしょうか。それは琉球を訪れた欧米人の体験談が、19世紀アメリカの平和主義運動のなかで利用されていった経緯があります。好戦的なアメリカ社会に対し、平和郷のモデルとして自称琉球人のリリアン・チンなる架空の人物が批判するという書簡がアメリカ平和団体によって出版され、「琉球＝平和郷」というイメージが作られました。このアメリカ平和主義運動で生まれた琉球平和イメージ、史料の解釈の読み違いから出た非武装説に加え、さらに戦後の日本で流行した「非武装中立論」が強く影響して、今日の「武器のない国琉球」のイメージが形作られていったのです。

そもそも琉球史の戦争をめぐる問題の核心は、武器があったかどうかという単純な話ではなく、琉球という国家が自らの政治的意志を達成するために、暴力（軍事力）を行使する組織的な集団を持っていたかどうかを探ることです（その点からいえば、琉球は尚真以後も「軍隊」を持っていたのです）。武器はあくまでもその組織（軍隊）が目的を達成するための道具にすぎません。これまで「軍隊とは何か、戦争とは何か」という問題が非常にあやふやなまま議論されてきたのではないでしょうか。

このような僕の意見に対して「事実そのものにこだわっていて物事の片面しか見ていない。この言説を生んだ沖縄の平和を求める心こそが大事なのだ」という批判がありましたが、僕はそうは思いません。沖縄の平和を求める心が大切なのは同意しますが、これまではそればかりを強調して、歴史の実態を見てこなかった（もしくは知りながら見ようとしなかった）のが問題だったと思います。つまり物事の片面しか見てこなかったのです。

医者が患者を治すため病気の実態を研究するように、平和を求めるのは何も「戦場」の悲惨さを訴えるだけではないと思います。病気の恐ろしさと健康を求める心を訴えることも大事でしょうが、病気（軍事・戦争）の実態を探ること、それを僕は大事にしたいし、〝治療〟にもつながるものだと思っています。

参考文献：照屋義彦「『リリアン＝チン書簡』再考」（『琉大史学』12号）

誰も見たことのない
古琉球の時代

貝塚時代は遅れた社会？

沖縄県は大小160の島々から成り立つ地域です。こうした自然環境のもと、沖縄の歴史は育まれてきました。人々は海とともに生き、移動手段として船を利用し、島嶼間をさかんに往来していました。

今から約8000〜900年前、琉球王国という国家が誕生する以前、沖縄の人々は長く漁労採集の生活を営んでいました。「貝塚時代」といいます。人々はサンゴ礁のおだやかな内海（ラグーン。沖縄の方言でイノーともいう）で貝や魚を獲り、砂丘地帯や湧き水の近くに住まいをかまえ生活していました。

この時代の特徴は、日本本土でいう平安時代頃までこうした生活スタイルが続いていたことです。日本で「源氏物語」の世界が展開されていた時期に、南西諸島ではまだ農耕をせず、魚や貝を獲りながら暮らしていたのです。こうした事実によって沖縄は野蛮で遅れていた、と考えることも可能かもしれません。しかし、こうした見方は必ずしも適当ではないと思います。

農耕は非常に手間がかかる作業です。1年を通じ田畑と水を管理し、人々が組織的に働かなくてはいけません。貝塚時代の人々は本土の弥生人と交流がありましたから、米や麦などの穀物栽培を知らないはずはありません。ではなぜ農耕が広がらなかったのでしょうか。それは、あえて面倒な農耕をしなくても、従来の生活で充分食べていけたからなのではないでしょうか。つまり沖縄ではわざわざつらい農作業をしなくても、1年中暮らしていける豊かな社会だったから、ともいえるのです。

貝塚時代の人々の主な生活の舞台はサンゴ礁の内海でしたが、それだけにとどまりませんでした。有人島で日本最南端の波照間島。島の北海岸砂丘に位置する大泊浜《おおどまりはま》貝塚からは、驚くべきことに島外産のイノシシやマングローブ林でしか穫れないシレナシジミ（大型のシジミ）が多数出土しています。ここから海の向こうの西表島も生活圏だったことがわかります。波照間島は「絶海の孤島」だったのではなく、人々は日常的に対岸の島々を行き来していたのです。大泊浜貝塚から海をながめると、水平線の向こうに西表島の島影をはっきりと見ることができます。

なお1477年の朝鮮からの漂着民の見聞録によると、波照間島はキビ・粟・麦を栽培していましたが、水田がないので米は対岸の西表島から入手し、材木も西表島から取ってきたとのことです。

人々の生活は必ずしも島の中だけで完結していたのではなく、海を越えた広がりをもっていたわけです。

参考文献：安里進・春成秀爾編『沖縄県大泊浜貝塚』（科研報告書）

クニの頭とシマの尻

地名には、それを名づけた人たちの思想やその時代を生きた人々の感覚など、さまざまな歴史情報が秘められています。

例えば沖縄を指して言うところの「南島」。

この名称は沖縄が中心なのではなく、あくまでも北（ヤマト）からの視点で名づけられたものであることは明らかです。「南島」とはどこから見ての「南」なのか。沖縄からの立場では沖縄は「中心」であって、自らが「南」であることはありえないからです。

現在の沖縄の地名は、500～600年前の古琉球時代にさかのぼるものが数多くあります。沖縄島北部の「国頭村《くにがみ》」と南部の「島尻郡《しまじり》」。この地名が確認できる最古のものは500年前の記録です。国頭とは文字通り「クニの上《かみ》」。島尻は「シマの尻《しり》」を意味しています。

古琉球の人々は自分たちの住む世界を「世《よ》」と呼んでいました。

琉球世界を支配する国王を琉球語で「世《よ》の主《ぬし》」と言い、「世の主」の統治する王国の領域はまた「おきなは（沖縄）の天が下」とも称されています。そして南北にのびる沖縄島は、王都・首里を基点に「上下（かみ・しも）」という空間として把握され、沖縄島の最北部を「国上《くにがみ》」、最南部

沖縄最北端の遠景。ここが「奥渡」「国上」にあたる

の地域を「下島尻《しもしまじり》」と読んだのです。

ちなみに奄美地域は「おくと（奥渡）より上（かみ）」、先島地域は「みやこ（宮古）・やへま（八重山）」と呼ばれていました。「奥渡」とは沖縄島の最北端のことで（いまでも最北端の集落は〝奥〟と呼ばれています）、奄美全体を「それより上」として表現しています。

面白いのは、古琉球では北方を「上」、南方を「下」とみる観念があったことです。つまり北方（ヤマト？）に何らかの中心性を見出していたことがうかがえるのです。古琉球の歌謡集『おもろさうし』には、日本へ行くこと（やまと旅）を「のぼる」とも表現しています。

最近の研究では、現代沖縄人に直接つながる祖先は、北方のヤマトからやってきた人々が現地民と融合していったのではないかと言われています。独立国家の琉球王国が成立して以降、原初の記憶は薄れてもその観念は受け継がれて、地名として痕跡を残すことになったのではないでしょうか（念のため強調しておきますと、この事実をもって琉球王国を「日本国」の範囲だった、と主張する根拠にはできません）。

地名を読み解くと歴史が見える。みなさんも沖縄の地名について考えてみてはいかがでしょう。

参考文献：南島地名研究センター編『増補・改訂　地名を歩く』
高良倉吉『琉球王国の構造』

按司の本名

按司《あじ》というと、琉球が統一される以前に各地のグスクに割拠していた首長（領主）として知られます。支配する領域の地名を冠して、たとえば「中城按司」とか「名護按司」とか呼ばれます。この按司、かつては沖縄島だけでもかなりの数がいたはずですが、一部の按司（たとえば護佐丸や阿麻和利など）をのぞいて、彼らの名前はまったく知られていません。

近世（江戸時代）になると、大城按司・真武とか南風原按司・盛忠などの名前が士族の元祖として各家の系図に登場します。しかしこれらの名前は当時の命名方法からは大きくはずれています（古琉球の時代は名乗り頭も持つ名前は存在せず、童名しかない）。彼らが当時、本当にその名で呼ばれていたかは確かではなく、後の時代に付けられた可能性がきわめて高いといえます。

では彼ら按司はいったいどういう名前だったのでしょうか。実は中国の記録に彼らの名前が残っています。これは琉球から中国に派遣されたため、その名が記されたというわけです。中国側では按司のことを「寨官《さいかん》」と表現しています。「寨」とは「とりで」を意味します。つまり「グスクの官」という意味で、按司のことと考えられています。

名前には、たとえばこんな例があります。

1392年に中国に派遣された寨官の子、実他盧尾（したるもい）。
1413年に派遣された寨官の子、周魯毎（じるもい）・恰那晟其（ちゃなさち＝茶湯崎？）。

難しい漢字で書かれていますが、これは琉球語の音を漢字で当てたものなので、「実他盧尾」は「四太郎思い」、「周魯毎」は「次郎思い」と考えられます。「思い」とは接尾美称で、たとえば尚真王の別名「おぎやかもい」は「おぎやか＋思い」、親雲上の古琉球での名称「大屋子もい」は「大屋子＋思い」となります。

彼らは「寨官」の子とあって按司その人ではありませんが、後に帰国し成長した際には父の按司の座を継いだ者もいたはずです。

つまり、中国側に残されている按司の子の名前は、ちゃんと当時の琉球風の名前の付け方にのっとっていることがわかりますね。リアルタイムで記された史料で按司の名前が残されているのは1501年の玉陵《たまうどぅん》（王墓）の碑文ですが、そこには按司がすでに王族の名称に転化しているもののの「ごゑくのあんじ、まさぶろかね（越来の按司、真三郎金）」というふうに表現されていて、古琉球期の按司の呼び方をうかがわせます。「真三郎金」の「真」は接頭美称、「金」は接尾美称です。

というわけで、三山時代や按司が割拠していたグスク時代には、按司は「〜の按司、〇〇〇」と呼ばれていたと考えられます。先に紹介した大城按司・真武は、童名が「思武太金（うみむたがね)」なので、「大城の按司、思武太金(うふぐすくのあんじ、うみむたがね)」と呼ばれていたはずです。

参考文献:『明実録』
沖縄県教育委員会文化課編『金石文』

山北? 北山?

14世紀、沖縄の島が3つの勢力に分かれて争っていた時代のことを「三山時代」といいます。それぞれ北山、中山、南山という勢力でしたが、場合によっては北山と南山は「山北《さんほく》」「山南《さんなん》」と呼ばれる場合も見たことがあるかと思います。これはどっちが正しいのでしょうか。

リアルタイム史料に書かれているのは、一貫して山が先の「山北」「山南」です。これが正式名称。その意味は「山(島)の北、南」という意味です。八重山や宮古島を「大平山《たいへいざん》」、伊平屋島を「葉壁山《ようへきざん》」と呼んだことからもわかるように、山とは島のことです。では、この山がどうして後ろにくっついて「北山」「南山」になったのでしょうか。

実は、これはいつの間にか変わったのではなく、はっきりと変えた人物がいます。近世琉球の大政治家といわれる蔡温です。

彼は父が編集した歴史書『中山世譜《せいふ》』の改訂をおこなっていますが、そのなかで「山北」「山

明より与えられた「琉球国山北王之印」（再現）

南」をひっくり返して「北山」「南山」に変えています。これはどうやら中山という表現に合わせたようです。表現を統一しようとしたわけですね。

それ以来、北山、中山、南山という三山の呼び方が加わったようです。

参考文献：田名真之『クニンダ人物誌1　蔡氏』

三山王の名前

琉球では近世（江戸時代）まで中国姓によって一族をまとめる観念はありませんでしたが、それでは琉球の歴史に登場する王たちの名前はどうなのでしょうか。

琉球が三つの勢力（北山・中山・南山）に分かれて争っていた三山時代、歴史の記録に登場する王たちの名前は、一見するとみな中国風です。中山王の「察度」、南山王の「汪応祖」、北山王の「攀安知」などなど……。しかし、彼らは代々決まった姓を継いではいません。皆バラバラな名前です。例えば「察度」の子の名前は「武寧」です。察度の「察」は姓ではないことがわかります。

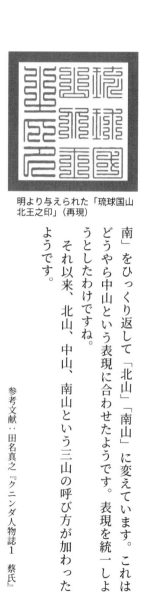

これはなぜか。そのヒントは、王の名前を記した記録がすべて中国側の記録であるというところにあります。

先に述べたように、近世以前の琉球の人物は、領地名を一時的に名乗ったり、童名《わらびなー》と呼ばれる琉球風の名前しか持っていませんでした。つまり、中国風に記された三山の王の名は、琉球風の名前を中国側が聞きとってその音を漢字で表現したものだったのです。わかりやすい例でいけば南山王の「他魯毎」。琉球風の名前に変換すれば「たるもい（太郎思い）」になります。また北山王の「帕尼芝」は「はねじ（羽地）」などです。

ご存じのように中国にはアルファベットやひらがなのような表音文字はありません。だから琉球に限らず、他の国で漢字を使わず中国名のない場合は、その国の言葉の音に近い漢字で名前を表現します。例えばモンゴルのダヤン・ハンは「達延汗（ダァイェン・ハン）」、ジュシェン（女真）のアイシンギョロは「愛新覚羅（アイシンジュエルォ）」というふうにです。

ここで読者の皆さんでこう思う人がいるかもしれません。

「じゃあ尚氏はどうなんだ？　尚は代々受け継がれてるぞ。あれは中国風の姓じゃないか！」と。

確かに琉球国王の尚氏は代々「尚」姓を継いでいます。しかし、この「尚」姓、はじめから中国姓として使われていたのではありません。

「尚」姓が使われはじめるのは第一尚氏の王、尚巴志《しょうはし》からです。彼の父の名は「思紹《ししょう》」。「尚思紹」ではありません、「思紹」です。彼が生きていた時代の記録には全て「思紹」として登場します。「思紹」「尚巴志」も、当時彼らが名乗っていた琉球風の名前に漢字を当てはめただけである可能性が非常に高いのです。「思紹」は「シチャ」、「尚巴志」は「サバチ」または「小按司《しょうあじ》」の当て字ではないかと考えられています。

尚巴志の次の王は「尚忠」といい、以後は尚巴志の「尚」の字を代々継いでいきます。一説には尚巴志が明朝より「尚」姓を与えられたとされていますが、当時の記録でそれを示す確かな根拠はありません。「尚」姓の使用は、中国との交流で琉球名を便宜的に中国風に使用し、やがて琉球国内でもその中国姓が定着したものとみていいと思います。尚巴志の父である思紹も、後世このルールを当てはめて「尚思紹」としたのです。

実は「尚巴志」→「尚」姓のように琉球名をヒントに中国姓に変換していく例は他にもあります。例えば琉球名「あはごん」を「阿覇勲（阿範坤）」と表現し、やがて上の漢字をとって代々「阿」姓を名乗る例。また琉球名「まふと」を「麻普都」と表現し、やがて代々「麻」姓を名乗る例。

これらの一族の姓が決まるのは「尚」姓が定まるよりずっと後の時代になりますが、国王の「尚」姓と同じ方式で成立した中国姓であることがわかります。

参考文献：田名真之『沖縄近世史の諸相』
原田禹雄『琉球と中国』

琉球の「王」とは何か

琉球は王が治める国であったことは誰もがご存じだと思います。歴代王の系統は「土統」としてそれぞれ「舜天王統」や「察度王統」など、各血筋で区別されています。つまり琉球は「万世一系」ではなく、いく度か政権交替があったわけです。教科書にも歴代の「王統」を並べて歴史を記述している例がみられます。

しかしこの「王統」という概念、実は舜天や察度らが生きていた当時には存在しなかったものなのです。歴代の王たちを「王統」として記述しはじめたのは近世（江戸時代）に入ってから。つまり当人たちの死後数百年たってから当てはめられた概念だったのです。例えて言うなら、現代人たちが琉球の王たちを現在の政治体制に当てはめて呼ぶようなもの。「舜天首相」や「第一尚氏内閣」のように。これでは何が何だかわからなくなってしまいますね。

「王」という呼称は、中国皇帝を中心とした東アジアの国際体制のなかで位置づけられた対外的な呼称であって、単にエライ人、「キング」という意味ではありません。琉球の為政者が「王」として呼ばれるのは1372年の察度の代から。それ以前の舜天や英祖は「王」とは呼ばれていないのです。彼らは琉球独自の呼称で「世の主（よのぬし。琉球世界の主）」や「テダ（太陽）」、「按司添い（あじおそい。按司を超える存在）」などと呼ばれていたようです。

琉球で「王」の呼称は後に定着し自称されていきますが、第二尚氏の初期までは対外的にも「代主《よのぬし》」または「世の主」を名乗っています。例えば尚円王は「金丸世主《かねまるよのぬし》」と署名して薩摩の島津氏に文書を送っています。琉球の人々にとって外から勝手に付けられた「王」の称号より、当初は自分たちの世界の呼び名である「世の主」のほうが自然でなじみ深いものだったと考えられます。「王」と「世の主」呼称の関係は、日本の足利将軍が中国から「日本国王」として冊封（任命）されても、国内では「室町殿《むろまちどの》」と自称していたのと同じようなものです。

そして面白いのが当時の「王位」継承において、血筋によって「王統」を区別する考えがみられないことです。第二尚氏の尚寧王は、自らを「そんとん（舜天）より24代の王」と称しています。つまり近世に入るまで、琉球の王たちは「王統」に関係なく、最初の舜天を初代として代々王位をかぞえていたのです。もちろん血筋による王位継承が存在しなかったというわけではありませんが、琉球世界の支配者（世の主）は一族継承かどうかに関わらず、為政者としてふさわしい人間が天（琉球の神々）より承認され連綿と「世」を治めている、という独自の観念があったようです。つまり日本とは違う意味で、琉球の人々は琉球王位が「万世一系」であると考えていたのです。

「王統」概念や「王」の呼称を便宜的に使用するのは問題ないとは思うのですが、これらはあくまで琉球で儒教的・中国的観念が広まっていった近世以降の価値観で解釈されたものであることに注意しなくてはならないでしょう。

参考文献：入間田宣夫・豊見山和行『日本の中世5　北の平泉、南の琉球』

察度王の肖像画

察度《さっと》王といえば浦添グスクを拠点とした「世の主」で、１３７２年に中山王として中国明朝に初めて入貢した人物です。この察度、実は肖像画を残していました。

歴代国王の肖像画で確認されているものといえば、第二尚氏王朝（１４７０〜１８７９）の尚円王からです。御後絵《おごえ》と呼ばれた肖像画は沖縄戦で大半が失われましたが、戦前に白黒写真が撮影され、また最近では一部がアメリカから返還され、その姿を知ることができます。

察度王の肖像画はこれをさかのぼるもので、末吉宮の神宮寺（付属の寺）である万寿寺に収められていました。

この肖像画、残念ながら１６１０年（万暦38年）９月22日、寺の失火によって焼けてしまいました。残されていれば、彼がどういう顔をしていたのかを知ることができたはずです。

そしてもう１つの疑問は、彼はいったいどのように描かれていたのかということです。琉球の肖像画は基本的に中国の影響を受けた様式で描かれています。椅子に座り、真正面を向いた

万寿寺跡

姿です。ところが察度王の在位は中国との公的関係を築く以前にも及んでいます。

この肖像画がいつ描かれたかはわかりませんが、もしかしたら、これまで知られている国王肖像画の様式とはまったく違うものだった可能性もあります。彼は皇帝より皮弁冠服《ひべんかんぷく》をたまわっていません。つまり第二尚氏の御後絵のような格好をすることはできないのです。もしかしたら、座敷に座って斜め横を向いている日本様式の画だったかもしれません。

いろいろ考えるとおもしろいのですが、焼失してしまった今では真相は闇の中です。それにしても察度王の顔、見たかったですね。

参考文献：『球陽』

琉球の「親方」の話

琉球の歴史に興味のある方は、「親方」という言葉をよく目にするかと思います。この「親方」とはもちろん相撲の親方ではなく、琉球王府の最高ランクの官人のことです。有名な親方といえば薩摩軍に立ち向かった謝名親方（鄭迵）や、近世琉球の大政治家・具志頭親方（蔡温）、名護聖人と呼ばれた名護親方（程順則）などがいますね。

この親方というランク、舜天や英祖の時代からずっとあったわけではありません。親方は古琉球の末期（戦国時代頃）に新設されたランクだったのです。それまでの高位の官人はすべて「大やくもい」と名乗っています。「大やくもい」は「親雲上《おやくもい》」と漢字が当てられ、やがてペーチンと呼ばれます。

親方という語句が初めて登場するのは1597年。ちょうど豊臣秀吉が朝鮮に出兵している最中です。墓碑に「うらおそいのおやかた（浦添の親方）」と記されています。

それまでの高位の官人は「大やくもい」だけでしたが、そのなかでも三司官（大臣）になる人々は「かなぞめはちまき」（紫の冠）をかぶっていました。このグループを独立させて、新しく「おやかた」というランクをつくったのです。

「おやかた」には「親方」の漢字が当てられていますが、最近その語源について面白い説がだされています。

この「おやかた」は、実は「お館（やかた。または屋形）」というヤマトからの輸入語ではないかというのです。「お館」といえば、大河ドラマで武田信玄などの戦国武将が家臣たちから呼ばれているあの「お館さま」です。

「お館（屋形）」とは中世日本で貴人を敬っていう語。とくに屋形号を許された大名たちを指します。1605年、琉球を訪れた浄土僧の袋中《たいちゅう》が記した『琉球往来』という書物には「那呉の館《やかた》」という人物が出てきます。彼は当時の三司官だった名護親方良豊のことだと考えられます。さらに「大里御屋形」も登場しています。これが漢字で書かれた「おやかた」の初見でしょう。

実は古琉球の王府の役職には中世日本から輸入した用語がありました。それは「奉行」です。琉球では土木工事など臨時プロジェクトの責任者をこう呼んでいました。このような例もあるので、「お館」という言葉を輸入して使ったとしても、何の不思議もありません。

琉球の「親方《うぇーかた》」が大河ドラマでおなじみの戦国大名の呼び方「お館さま」と一緒だったなんて変な感じがしますが、以上のように説明されるとちょっと納得なのではないでしょうか。

参考文献：国建地域計画部編『石碑復元計画調査報告書』
首里城公園友の会編『「袋中上人フォーラム」実施報告書』

古琉球に文書はあったか

古琉球時代の国内文書は国王の発給した辞令書以外、ほとんど残っていませんが、「那覇」や「三司官印」をはじめとした印鑑は確認されており、何らかの文書があったと推測されます。琉球国内ではどのような文書があったのでしょうか。

そのヒントが『旧琉球藩評定所書類目録』という文書リストのなかにあります。この文書群は琉球王国の評定所《ひょうじょうしょ》（国政の最高機関）関係の書類で、王国が消滅した際に明治政府に接収されたものです。内務省に保管されていましたが、残念ながら関東大震災で大部分が焼けてしまいまし

た。目録でのみ、どのような文書があったのかを確認することができます。そのなかに、

『間切《まぎり》々々の里主所《さとぬしどころ》のかりや高《だか》の御《お》さうし』（1623年）

という文書があります。これは王国各地にある里主所（エリート層が保有する耕作地）の面積を記した土地台帳と考えられています。ここで注目されるのが年代。目録の文書中、最も古いもので、薩摩藩の征服（1609年）からさほど時間が経っていません。さらに「かりや高」や「御さうし」といった古琉球的な題名であること。「かりや」とは古琉球で使用されていた独自の面積単位です。

つまり、この文書は古琉球時代の様式を伝えるものであり、古琉球では行政文書が「御さうし（そうし。双紙）」と呼ばれていたことを示しているのです。それは古琉球時代に編集された歌謡集が『おもろさうし』であり、また後の時代になりますが、古琉球の伝統を色濃く残す神女（ノロ）・女官関係の文書が『女官御双紙《にょかんおそうし》』と命名されていることからも裏づけられます。

この土地台帳が古琉球にさかのぼるのは間違いありません。古琉球時代、奄美から先島までの王国全域の耕作地は、その所有者や面積まで首里の王府でほぼ完全に把握されていたことが辞令書の研究で明らかにされています。王国全域にわたる詳細な耕作地情報となると、ぼう大な量になります。中央の役人が全ての情報を頭の中に記憶していて、それをもとに土地所有の名義変更、細かい面積の調整などを指示していたとは到底考えられません。王府中央には土地台帳に限

らず、様々な業務に対応する多数の文書がストックされていたとみたほうが自然です。

島津軍侵攻の際の記録には、戦災によって琉球の「各家々の日記、文書」が失われたとあります。また那覇港付近の発掘調査では、15～6世紀のものとみられる荷札の木簡が発見されていて、墨書で「いわし…文」「きび…」と書かれています。中央の役人だけでなく、民間にいたるまで文字を使用していたことがわかります。

古琉球時代の国内文書は「現在残っていない」ということでは決してないわけです。以上にあげたような事実から、当時も存在しないから、古琉球は日常的に文字によって情報を伝達していた社会であったと考えてもいいでしょう。

参考文献：『旧琉球藩評定所書類目録』
大石直正・高良倉吉・高橋公明『日本の歴史14　周縁から見た中世日本』
『沖縄県立埋蔵文化財センター調査報告書44　渡地村跡』

沖縄に追放されたモンゴル皇帝の末裔

沖縄の歴史には一般に知られていない、驚くべき事実がけっこうあります。

13世紀頃にユーラシア大陸を席巻した史上最大の帝国・モンゴル帝国のうち、クビライが建てた大元ウルス（ウルスはモンゴル語で国）は1368年、明朝の朱元璋《しゅげんしょう》（太祖《たいそ》）によって滅ぼされます。その時、明は元朝皇帝の次男と妃・娘を生け捕りにしましたが、彼らが沖縄に追放された事実はあまり知られていません。

沖縄に追放された人物の名前は「地保奴《ディボド》」。元朝17代天元帝（ウスハル・ハーン）の次男です。捕らえられた地保奴らは当時の明朝の首都であった南京に送られます。明朝皇帝の太祖は元朝がかつて良い政治も行ったことを考えて、その子孫である地保奴を殺すことは止めました。しかし国内においておくのもどんなものだろうかということで、多くの資財を与えて琉球に送った、と明朝の記録『明実録』にあります。

『明実録』の記事は単なる伝承などではなく、当時の出来事を正確に記録したものですから、元朝皇帝次男の琉球への追放はほぼまちがいない事実と考えられます。地保奴がその後どうなったのかは不明です。琉球のチャイナタウンである久米村にも彼らに関する情報は残されていません。もしかしたら当時の中山の都だった浦添グスク周辺に屋敷を与えられて住んでいたかもしれません。いずれにせよ地保奴は故郷から遠く離れた南海の地でのんびり暮らしたことでしょう。

現在、沖縄に住む人のなかに、史上最大の帝国をつくったチンギス・カンの血をひく人がいるかもしれません。今となっては確かめようもありませんが……。

参考文献：田名真之『近世琉球の素顔』
『明実録』

ラッコとサメの贈り物

ラッコといえば、海の動物で、水族館のカワイイ人気者です。北海道から千島列島、アリューシャン列島、アラスカにかけての寒い海に生息しています。

1434年、琉球王府ナンバー2の地位にあった華人の懐機《かいき》は国王の尚巴志と一緒に、日本刀や金箔の屏風などとともに何とラッコの皮100枚を中国皇帝に献上しています（『歴代宝案』）。献上品のリストには「海獺皮」と記されています。

ラッコの皮？　ラッコは沖縄の海には生息していません。懐機はどうしてこんなものをプレゼントできたのでしょうか。

このラッコの皮は、エゾ地（北海道）のアイヌたちの重要な交易品でした。この当時、彼らは「交易の民」として和人たちと対等以上にわたりあっていました。アイヌは狩猟民としての性格が強調されますが、狩猟はむしろ交易品を調達するためであったといえるでしょう。アイヌたちが獲ったラッコの皮は和人たちに売りさばかれ、日本海を通って、やがて琉球へとたどり着いたのです。おそらく北方の重要拠点だった青森の十三湊《とさみなと》を経由したことでしょう。

今から約600年前に、北海道と沖縄はつながっていたんですね。ウチナーンチュはラッコを（皮ですが）見たことがあったということです。

ちなみにこの時、尚巴志と懐機はラッコの皮のほかにサメの皮（あるいはエイの皮）4000枚、ヤコウ貝8500個、タカラ貝550万個をいっぺんに贈っています。これだけのぼう大な海産物を調達したということは、琉球中の海人（ウミンチュ。漁師）たちを総動員したのかもしれません。サメはさらに2年後の1436年にも皮3000枚が贈られています。短期間に7000頭も乱獲して大丈夫だったのでしょうか（汗）。逆に考えれば、当時の沖縄の海にはサメがうようよしていたということでしょうか。沖縄には現在もサメがいるので絶滅はしていないわけですが、もしかしたら沖縄近海にしばらくサメが見えなくなったかもしれませんね。

参考文献：真栄平房昭「琉球王国における海産物貿易」（『歴史学研究』691）

泊の古名は泊じゃない!?

琉球の国際貿易港として使われたのが那覇港であることはよく知られています。そして那覇港の北側にはもう1つ、港がありました。それが泊港です。現在では渡嘉敷島や久米島などの離島便の発着港として使われています。

王国時代、泊港は奄美諸島や久米島、宮古、八重山など琉球域内の船が入る港でした。港付近には大島蔵という奄美諸島からの年貢を収納する蔵が置かれ、また泊御殿という役所もありました。

この泊という地名、実はもともと別の名前であったようです。今から550年前の様相を描いたと考えられる「琉球国図」（沖縄県立博物館・美術館蔵）には、泊付近に

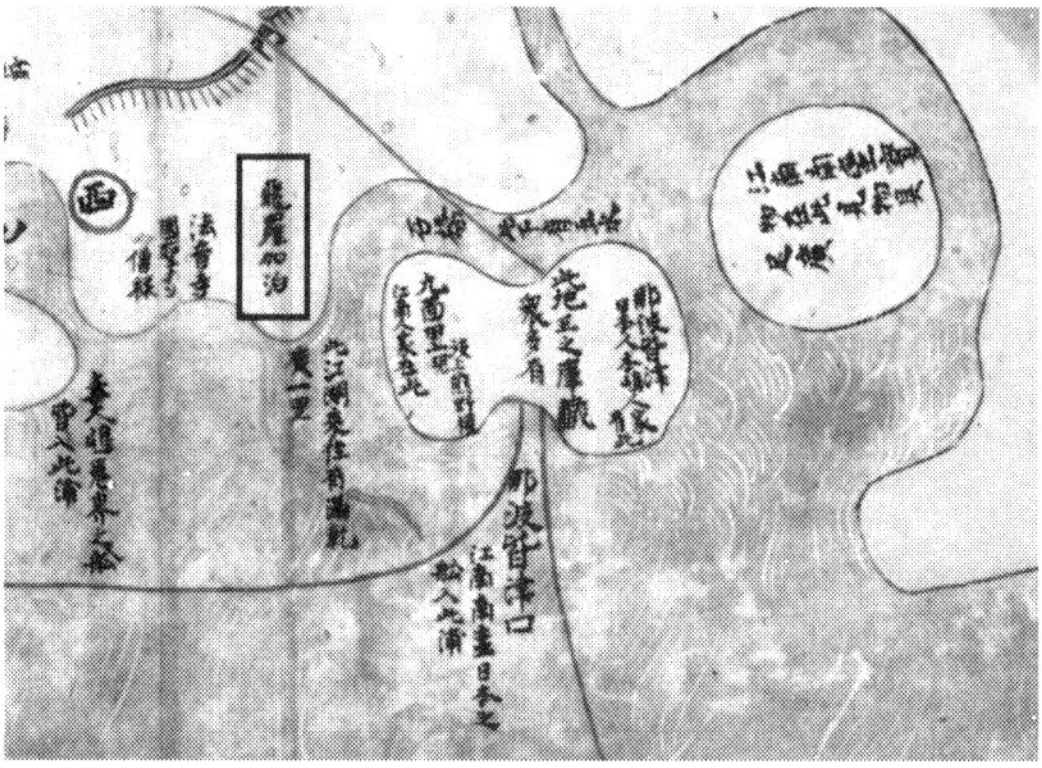

琉球国図（沖縄県立博物館・美術館蔵）口の部分に「飛羅加泊」

「飛羅加泊」

と書かれています。これは「ひらかどまり」あるいは「ひらがどまり」と読むのでしょうか。これまで伝承でも残されていない、まったく未知の地名です。

ここが泊であることは、このそばに「毒（徳之島）・大島（奄美大島）・鬼界（喜界島）の船、みなこの浦に入る」と書いてあることから明らかです。おそらく泊はもともと「ひらが（か）泊」と呼ばれていて、それが時代が経つにつれ、単に「泊」と呼ばれるようになったのではないでしょうか。

また「那覇」という地名。一説では漁場を表わす「なば」からきてるとも、また那覇の浮島にあったキノコ状の形をした石灰岩（ナバ＝奈波）からきているとも言われています。

それでは、「なは」という地名に「那覇」の漢字があてられるようになったのはいつ頃のことでしょうか。確認できるかぎりでは、1521年の三司官から種子島時堯へ宛てた書状（『旧記雑録』）。「那覇之奉行」という文言で登場します。1542年の大内氏奉行人・相良武任の書状には「奈波」とあり（「中川家文書」）、この頃は表記が定まっていなかったようです。

1559年には「那覇主部《なはぬしべ》」から島津氏の老中あてに書状が送られていますが、ここでは「那覇」と表記されています。どうやら16世紀後半から「那覇」表記が一般的になったようです。琉球側から「那覇」と表記し、本土側からは「奈波」とあることから、あるいは琉球自身では16世紀前半の時点ですでに「那覇」表記が固まっていたのに対し、日本側では適当な漢字をあてていたのかもしれません。

なお1615年に那覇港を訪れたウィリアム・アダムスは日記のなかで那覇のことを「nafa（ナファ）」と呼んでいます。琉球語読みの「ナーファ」は、400年前にはすでに定着していたことがわかります。

まだまだ沖縄の地名にはナゾが隠されているようですね。

参考文献：上里隆史・深瀬公一郎・渡辺美季「沖縄県立博物館所蔵『琉球國圖』―その史料的価値と『海東諸国紀』との関連性について―」（『古文書研究』60号）
山下重一「三浦按針（ウィリアム・アダムス）の琉球航海記」（『南島史学』47号）

イスラム教と琉球

イスラム教といえば11億人もの信徒を持ち、キリスト教・仏教とならんで世界三大宗教のひとつとされている宗教です。その中心は西アジア・アフリカですが、イスラム商人の活動を通じて東南アジアにも普及していました。

ちょうどその頃、琉球では統一王国が成立し、アジア各地へと交易に出向いていました。東南アジアでとくに交流があったのがシャム（現在のタイ）、そしてマレー半島南部のマラッカです。マラッカはもともと小さな漁村でしたが、やがて東南アジア最大の港湾都市となり、港には実に84の言語を話す人々が集まっていました。マラッカ王はイスラム教に改宗し、西のイスラム商人との結びつきを強めていました。つまり琉球の人々はイスラム教にふれる機会があったのです。

中国最古のモスク、清浄寺

東南アジアだけではありません。当初、中国における琉球船の寄港地は福建省の泉州という場所でしたが、ここはかつて海のシルクロードの拠点として栄えた交易都市で、あの有名なマルコ・ポーロも訪れています。彼は泉州を「世界最大の港」と評しています。港町にはインド方面からやってきたイスラム商人も住んでいました。現存する中国最古のモスクは、実はこの泉州にあります（清浄寺）。

　琉球人の滞在施設（琉球館）もこのモスクから歩いてすぐの距離にありました。琉球人は中国でも日常的にイスラム教と接する機会があったはずです。ちなみに泉州は現在でも数万人のイスラム教徒がいるそうです。

清浄寺にあるイラスト教徒の墓碑

　さらに興味深いのは、中国には琉球との交渉のために、琉球語の話せる中国人通訳がいたことです（土通事《どつうじ》といいます）。15世紀、この通訳だった林親子はイスラム教徒の家系でした。ウチナーグチを話す中国人のイスラム教徒……なにやらチャンプルーすぎてワケがわからなくなりそうですね。

　このように琉球はイスラム教と接する機会が少なからずあったことがわかります。ではイスラム教は琉球に伝来し、人々はそれを信仰したのでしょうか？　那覇には東南アジアの人々が滞在していましたし、状況から考えれば伝来していた可能性は充分にあります。しかし不思議なことに、歴史の記録や現在に残る文化・風習からイスラム教の影響は見出せません。

　私たちがイスラム教に注目していなかったので、これまで気づかなかったのかもしれませんが、おそらく、イスラム教が琉球の人々の宗教観になじまなかったのではないかと僕は考えています。琉球では外から来た宗教に対し、伝統の世界観にマッチする宗教・宗派だけを受け入れる傾向があるからです。

参考文献：王連茂「泉州と琉球」（浦添市教育委員会編『琉球―中国交流史をさぐる』）
上里隆史「15～17世紀における琉球那覇の海港都市と宗教」（『史学研究』260号）

仏教は根付いた

琉球には仏教は根付かなかったとよく言われます。確かに今の沖縄で仏教を身近に感じる機会はあまりないかもしれません。しかし王国時代の首里・那覇には多数の寺院があり、国王はじめ王府官人はさかんに寺社参詣を行なっていました。王国滅亡と沖縄戦で円覚寺のような寺院群を見ることはできなくなりましたが、琉球には「仏教王国」だった時代が確かにあったのです。

では仏教は庶民とは関係なかったのでしょうか。そうではないと思います。オナリ神信仰など女性の霊的優位信仰の影響で中国の天妃（媽祖《まそ》）信仰とともに、仏教は観音信仰の形でとくに受容されたようです（観音菩薩は本来性別はないが、俗に女性と考えられた）。沖縄各地に観音堂が見られるのもそのせいです。なお聞得大君は航海安全の神そのものとしても考えられており、そうした航海神的な性格は天妃・観音にも共通します。中国伝来の天妃は、沖縄では「菩薩がなし」と呼ばれていました。

また現在、沖縄の各地には「ティラ」や「グンギン」と呼ばれる拝所が存在しているのをご存じでしょうか。これこそが「寺」「権現」です。近代になるまで日本の神々は仏教と一体のものとして信仰されていました（権現信仰）。琉球では仏教が神道と結びつくかたちで各地に土着化（ウタキ化）していたのです。ご神体の霊石（ビジュル）は「フトゥキ（仏）」とも呼ばれ、司祭者は「ホーイン（法印）」と呼ばれた男性でした。

安里のティラ

「琉球に仏教は定着していない」と言う時、私たちは日本の仏教を無意識のうちに大前提、絶対の基準としてしまっています。しかし日本の仏教は、インドから中国を経由して伝来した宗教が「ヤマト化」したものです。同じように、ヤマトから伝来した仏教は、琉球の精神世界・宗教観にマッチするかたちで選択・受容され、独自の「琉球化」をとげたものと思います。だから、より正確に言えば「琉球では仏教がヤマトと同じようなかたちで根付かなかった」のです。

参考文献：上里隆史「15～17世紀における琉球那覇の海港都市と宗教」（『史学研究』260号）

首里城にあった琉球版バベルの塔!?

首里城最大の建築物といえば正殿。「百浦添御殿《ももうらそえうどぅん》」とも言われ、沖縄県内最大の木造建築物です。グスクの中心的な建物で、まさに首里城のシンボルなのですが、どうやらかつては首里城に正殿とは別の高楼が存在していたようなのです。

その名前は「高世《たかよ》層理《そうり》殿《でん》」。高さ数十丈（数十メートル）の高楼で、14世紀、中山王の察度《さっと》が築いたものと伝えられています。伝説では察度がこの高楼でハブに左腕を咬まれてしまい、毒がまわる前にその腕を切り落としたところ、家臣が自分の腕を切りその腕を察度につなぎ合わせて事なきをえたとありますが、これはさすがにウソくさいです。

ただ、高世層理殿については後の時代にも記録があります。1576年、首里城近くにある天界寺で火災が発生し、火の粉が首里城まで届き、城内の高世層理殿まで燃え移ってしまいます。高楼が高すぎて誰も登れないなか、越来親方朝首《ちょうしゅ》（向徳深）が高楼に登り、みごと火を消し止めることができたという記録です。これから考えると、首里城に高世層理殿という高楼が本当に存在した可能性が出てきます。首里城外の火の粉が飛んできたということは、首里城正殿ではさすがに遠すぎます。比較的、天界寺に近い首里城の西端の木曳門《こびきもん》付近か「京《きょう》の内《うち》」という聖域区画

首里城京の内。この付近に建物の礎石が見つかった

に立地していないとおかしいことになります。

　首里城の西方にこうした建物は、これまで確認されませんでした。高世層理殿も伝説上のもので、その存在を信じる研究者は多くはいませんでした。しかし、近年の調査で「京の内」の部分、首里城でもっとも標高が高い場所に、建物の礎石が見つかったのです。周囲には古い時代の大和系灰色瓦が見つかっています。古琉球において礎石をともなう建物は、かなりの高度な建築技術をもつもので、全グスクのなかでも限られた建物にしか使われていません。しかも京の内は首里城でもっとも古い区画で、いわば首里城の発祥の地ともいえる場所です。この礎石をともなう建物は、どのような用途で使われたのか首里城の記録では確認できません。まったく謎の建物なのです。

　古琉球時代の正殿は文献で確認できるかぎり板ぶきの建物であるにもかかわらず、首里城には瓦が出てきます。文献記録より前に正殿が瓦ぶきだったのか、あるいは正殿とは別の瓦建物が存在した可能性もあります。『琉球国由来記』には高世層理殿は下之《しちゃぬ》御庭《うなー》の南にあって、北面して建っていたとありますから、京の内から出た礎石建物の位置とも符合します。もしかしたら、ここが伝説の高世層理殿だったのではないか、と京の内の発掘調査報告書では指摘しています。

　しかし不思議なのは、首里城の標高がもっとも高い場所にあった高楼が１５７６年の時点まで存在していたとして、外国から首里城に来た人々の記録に言及されていないことです。

　例えば中国の冊封使や朝鮮からの漂着民は首里城正殿のことはくわしく述べていても、高世層理殿については述べていません。一番目立つはずの高楼に気づかなかったはずはありません。唯一、１５４２年に漂着した朝鮮の朴孫《パクソン》らが「国王のいる建物は高さ5層だった」と証言していますが、その建物は瓦ぶきではなく板ぶきというので、おそらく正殿のことではないでしょうか。

　このように「琉球版バベルの塔」ともいえるこの高世層理殿については、なお謎につつまれています。もし本当に存在したならば、首里城のイメージはガラっと変わるでしょうね。

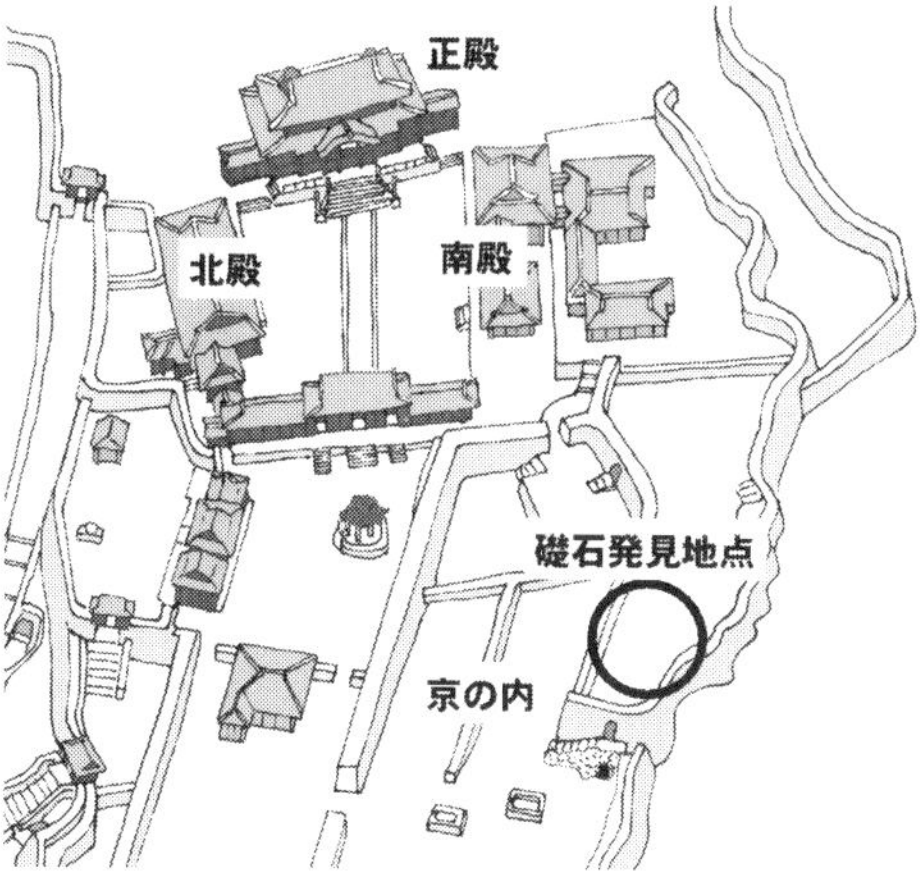

参考文献：『中山世鑑』、『琉球国由来記』、高良倉吉『琉球王国史の探求』
沖縄県立埋蔵文化財センター編『首里城跡―京の内発掘調査報告書（Ⅱ）』

尚巴志時代の城下町

琉球王国の都は首里。首里城は500年にわたって国王の居城となりました。その王宮を中心に首里には城下町が形成され、とくに国王を支える高級士族の豪華な屋敷や庭園、寺院が立ち並び、整備された石畳の街路がはりめぐらされていました。こうした城下町は沖縄戦の被害に遭うまで残されていたわけです。

それでは琉球を統一した尚巴志の時代、首里城の周りに広がる城下町はこのようなものだったのでしょうか。実は首里城から那覇へ続く綾門《あやじょう》大道《うふみち》に隣接する天界寺の発掘調査が行われたのですが、その際に、寺院建立以前の様子が明らかになりました。

天界寺は琉球三大寺院のひとつで、尚泰久王の時代、1450年代に建立された琉球有数の名刹です。その天界寺の下の層から、なんと村跡が発見されたのです。この村跡は14世紀後半から15世紀前半頃のもの、つまり尚巴志の時代のものと推定されています。

では、ここからは立派な建物跡や屋敷囲いの石垣、整備された石畳の跡が出土したのでしょうか。いえ、そんなものはまったく出てきていません。見つかったのは、仕切りのない空間に無秩序に空けられたおびただしい建物の柱の穴、そしていくつもの円形の遺構です。この区画には屋敷を隔てる石垣跡はまったくありません。これらの無数の柱の穴は、簡素な建物を何度も何度も建て直した跡で、円形の遺構は竪穴《たてあな》式住居の跡のようです。

竪穴式住居！　この建物は貝塚時代の集落にもみられる非常に粗末なものです。尚巴志の時代、首里城に続く一番のメインストリートのすぐ脇に、バラックや竪穴式住居などが無秩序に密集していた、いわば「スラム街」的な状況が存在していたことを意味します。

仲原遺跡（うるま市）

まったく同じではないですが、イメージでいうと上の画像のような感じでしょう。

これはいったいどういうことでしょうか。われわれが想像する王国中枢の様子とはまったく異なる姿です。整備された綾門大道をのぼり首里城へ向かう左右の町並みは立派な士族層の屋敷ではなく、あばら家が並ぶような様相だったということなのでしょうか。士族たちはこうした家に住んでいたのでしょうか？　尚巴志を王に任命するために中国から派遣された冊封使も、こうした光景を見ながら首里城へ入っていったのかもしれません。

現在、グスクの様子はいろいろと調べられ、その姿が明らかになっていますが、その周囲にあった集落、城下町に関してはそれほど関心がよせられておらず、ようやく研究が始まったばかりです。解明されつつあるその姿からは、近世の首里城下町のイメージを古琉球、第一尚氏王朝の時代にそのまま当てはめてはいけないことを教えてくれます。

参考文献：山本正昭「天界寺考―発掘調査成果を参考にして―」（『紀要沖縄埋文研究』1号）

首里城の雲板

首里城の建築には寺院の強い影響がみられます。有名な「万国津梁の鐘」（1458年造）も、もともとは寺院ではなく首里城の正殿に掛けられていた梵鐘です。古琉球にはグスクと寺院を一体のものとしてみる何らかの観念があったようです。

「万国津梁の鐘」と並んでグスクの寺院関係物として知られているのが、1458年に造られた「大里城の雲板」。雲板《うんばん》とは禅宗寺院で使われるドラの一種で、お坊さんの寝起き・食事の合図として鳴らされるものです。大里グスクは第一尚氏の王の別宮として使われていて、尚泰久王はこのグスクの建物に禅宗寺院のドラを付けたとみられています。

実はこの「大里城の雲板」のほかにも、何と首里城に掛けられた雲板が存在していました。現物はすでに失われていますが、近世期に編集された『琉球国由来記』という書物には円覚寺に所

大里グスク正殿跡

大里城の雲版

蔵されていたもののリストがあり、そこに「首里城の雲板」が記されているのです。この雲板は「天順元年」（1457年）の8月に鋳造したと刻まれ、国王殿（正殿）の前に掛けられていたとあります。これはあの「万国津梁の鐘」と全く同じ方式です。

つまり、第一尚氏時代の首里城正殿には寺院の梵鐘だけではなく、禅宗の雲板まで設置されていたことになるのです。もしかしたら、グスクが丸ごとお寺の設備一式を整えていた可能性もあります。この首里城の雲板は「万国津梁の鐘」の影に隠れて、これまでほとんど注目されてきませんでした（万国津梁の鐘も仏教ではなく、貿易関係でのみ注目されてきたわけですが）。しかしグスクの性格を考えるうえでも、第一級の貴重な資料です。

古琉球時代の文献記録によると、首里城で行われた北京に住む中国皇帝への拝礼には、一人の僧（おそらく長老クラスの禅僧）が中国冠服を着た国王と対面して儀式をとり行っていたとあります。禅僧は古琉球の王権に不可欠な存在として位置づけられ頻繁にグスクに出入りしていたわけで、それを反映したものが首里城の梵鐘や雲板にみられるようなグスクの寺院的な設備だったような感じがします。古琉球時代は私たちの想像以上に「仏教の時代」だったのです。

参考文献：『琉球国由来記』
真境名安興「奈良帝室博物館の雲板について―琉球国王尚泰久の鋳造―」（『真境名安興全集』３巻）
Takashi Uezato "The Architectural Landscape of the Kingdom of Ko Ryukyu" Okinawa: The Rise of an Island Kingdom. Archaeological and cultural perspectives. BAR International Series 1898, 2009

護佐丸をめぐる謎

15世紀、沖縄島が尚巴志によって統一された時期に活躍した武将に護佐丸《ごさまる》という人物がいます。護佐丸はもと山田按司でしたが尚巴志の北山攻略に功績をあげ、やがて座喜味グスクの主となり、その後は中城グスクへ移って勝連の阿麻和利《あまわり》を監視しますが、１４５８年、阿麻和利の策略によって滅ぼされてしまいます。

彼は沖縄では有名なのですが、あるナゾが残されています。護佐丸が生きていた当時の記録に、彼の名前がまったく出てこないのです。たとえばオモロ（神歌）を集めた『おもろさうし』には、勝連の阿麻和利を称える歌はあるのに、護佐丸を謡ったものはありません。これはいったいなぜでしょうか。

これを解くヒントがあります。『毛姓家譜』には、護佐丸について「童名・真牛《もうし》」とあります。

童名《わらびなー》というのは幼少期の名前のことですが、彼が生きていた古琉球では成人になってからも使った本来の名前でした。つまり、護佐丸が生きていた時期に、彼は「真牛」と呼ばれていたのです。当時の慣習からいけば「読谷山の按司、真牛」や「中城の按司、真牛」と呼ばれていたのは間違いありません。

では護佐丸という名前は何か。

護佐丸の先祖が後世に記した『異本毛氏由来記』（18世紀後半）には、「神名ハ護佐丸、号名は亨《キョウ》と申し候《そうろう》」と書かれています。「神名」とは神々によって授けられた名前か、もしくは死後贈られる諡《おくりな》であると考えられます。

そもそも「護佐丸」という名前自体、「（王を）護《まも》り補佐する」という、彼が忠臣であることを示す意味合いで付けられた意図的な感じがします。

同時代に護佐丸の名前が一切出てこないのは、こうした理由が1つの要因になっているのではないでしょうか。

参考文献：曽根信一「護佐丸について　琉球国時代に書かれた文書資料」（『読谷村立歴史民俗資料館紀要』19号）
『国指定史跡座喜味城跡環境整備報告書』

護佐丸が来るぞ

奄美の与論島では、泣きやまない子供に「護佐丸《ごさまる》がちゅんどー」（護佐丸が来るぞ）と言って脅かしたといいます。護佐丸といえば沖縄を統一した尚巴志王の忠臣で、世界遺産の座喜味グスクや中城の城主として有名な琉球史の英雄です。

鎌倉時代にモンゴル軍の侵攻（元寇《げんこう》）を受けた壱岐《いき》・対馬では、泣く子への脅し文句として「ムクリ・コクリ（モンゴル・高麗）が来るぞ」と言うそうです。沖縄では英雄で知られる護佐丸も、奄美では「泣く子も黙る」怖い存在だったということでしょうか。

伝承によると護佐丸の勢力は奄美にも及んでいて、座喜味グスクの築城の際に奄美大島・喜界島から人夫を集めたといいます。先に紹介した与論に残る言葉もこれに関連すると考えられます。しかし近年の研究によると、奄美大島が琉球の勢力下に入ったのは早くても1440年代、喜界島は1466年のことで、護佐丸の死後、座喜味グスクが築かれたずっと後のことです。

沖縄島中部の按司（首長）にすぎなかった護佐丸が奄美を掌握したとの伝承がなぜ存在しているのか、疑問でした。そんな中、護佐丸子孫の支流家（毛姓上里家）が第二尚氏王朝で奄美統治の総督（奥渡《おくと》より上《かみ》のサバクリ）に代々就任している事実を知りました。これが護佐丸と奄美をつなぐ、最も古くて確かな根拠です。琉球王国の奄美統治とは、実質的には護佐丸一族の支流家による統治でもあったわけです。

もちろん中城（ただし護佐丸と記されていないことに注意）と奄美が通交する様子を謡ったオモロ（神歌）もあることから、護佐丸本人と奄美の関係があった可能性も否定はできませんが、ここでは全く別の可能性を考えてみたいと思います。

15世紀後半、奄美が琉球王国によって征服され、奄美全体の統治を担当する総督に護佐丸一族が就任した。一族はこの職に代々就いたが、やがて奄美統治の正当性を宣伝するために先祖である護佐丸の神話を奄美各地に広め、一族による支配を不動のものにしようとした。奄美における護佐丸の伝承は、実は第二尚氏の統治下で初めて確立されたものだったのではないでしょうか。

琉球の奄美総督に対する畏怖《いふ》を、支配の象徴としての「護佐丸神話」にダブらせる形で表現したのが、あの「護佐丸が来るぞ」という言葉だった気がしてなりません。

参考文献：曽根信一「御佐丸について　琉球国時代に書かれた文書資料」（『読谷村立歴史民俗資料館紀要』19号）
『国指定史跡座喜味城跡環境整備報告書』

琉球に土の城塞都市!?

琉球の城塞《じょうさい》といえば「グスク」と呼ばれる遺跡です。「グスク」というと、多くの方は世界遺産となった首里城や今帰仁グスク、勝連グスクなどの石灰岩の石積みで築かれたものを思い浮かべると思います。

しかし、これらの有名な遺跡はグスク全体のほんの1パーセントほどにすぎません。実はグスクは南西諸島に400以上あって、しかも石積みではない「土でできたグスク」もたくさんあるのです。

浦添グスク南側にある土でできた郭。盛り土によって人工的にグスクから尽き出した丘をつくっている

土でできた代表的なグスクといえば、桜で有名な名護グスク（名護市）。名護グスクを訪れた方は、グスクと呼ばれているのになぜ首里城のような城壁がないのか疑問に思ったかもしれません。実はそれは何も残ってないのではなく、名護グスクはもともと土でできたグスクなので、その跡がわかりにくいだけなのです。よく観察すると、山の尾根を断ち切って堀状にした跡や、造成された平場などが確認できます。

土のグスクはとくに沖縄島北部から奄美諸島にかけて分布しています。その構造は室町から戦国時代の日本でつくられていた中世城郭とよく似たものです。

この地域に土のグスクが多い理由は、城壁に使われる琉球石灰岩が沖縄島の中南部と比較してあまり多くないことが、そのひとつとして考えられます。しかし中南部に土でできたグスクが全くないわけではありません。

ところで皆さんは「琉球に土でできた城塞都市が存在した」と聞いたら、ビックリされるのではないでしょうか。しかもその規模は首里城よりも大きく、豪華だったとしたら？

「そんなものあるはずない！」と一笑に付されるかもしれません。しかし、「それ」は確かに存在していました。既成概念を捨てて発想を変えることによって、これまでほとんど注目されてこなかった驚くべき事実が浮かび上がってくるのです。その正体とはいったい何なのか？

参考文献：沖縄県教育委員会文化課編『ぐすく　グスク分布調査報告（Ⅰ）』
當眞嗣一「いわゆる「土から成るグスク」について」（『沖縄県立博物館紀要』23号）

●続・琉球に土の城塞都市!?

琉球にあった土の城塞都市とはどこなのでしょうか。驚くなかれ、それは那覇にあったチャイナタウン・久米村《くめむら》です。「中華街」のイメージが強い久米村ですが、実は古琉球の時代には土の城壁で囲まれた居留区だったのです。

15世紀後半（第二尚氏初め頃）の朝鮮王朝の記録には、琉球居住の中国人は「一城」を築き、そこに住んでいるとあります。

琉球に漂着した朝鮮人の証言には、滞在していた館のそばの「土城」に100余家があり、朝鮮人・中国人がここに住んでいて、建物は瓦屋根で内部は彩色された壮麗な建物ばかりだったと

「那覇市及久米村図」（伊地知貞馨『沖縄志』）

あります。この時期の首里城は板ぶき屋根です。中国人たちは王様よりも豪華な建物に住んでいたわけです。これらの「一城」や「土城」が久米村であることは間違いありません。

また久米村は「唐営」や「営中」とも呼ばれていました。「営」とは「とりで、めぐらす、しきり、境域」という意味があります。また「営中」は「陣屋・軍営のなか」という意味です。「営」は「住居」も意味しますが、「土城」があったとの証言から考えて、この場合はやはり何らかの「囲われた場所」を指しているとみたほうがいいでしょう。

また１６０６年、琉球を訪れた中国の使節団に対して日本人（倭寇的な商人）たちが暴力沙汰を起こした際、琉球側は「営中」に使節団を避難させようとしています。つまり久米村は緊急時に避難して、外敵から身の安全を確保できるような場所だったのです。

１６０９年に薩摩軍が琉球に攻めてきた際には、

琉球の軍勢は「久米村の城」に立てこもって防戦したとの記録もあります。

これらのことから、久米村が土の城壁で囲われた城塞的な性格を持っていたことはほぼ間違いないと思います。その規模も数千人が住む「久米村」の市街地を囲むことから、首里城より大きいものだったと推定されます。

現存していないので詳細はわかりませんが、おそらく中国の城郭都市や、秀吉の築いた京都の御土居《おどい》を小さくしたような感じだったのではないでしょうか。つまり「土の城塞都市」です。

この久米村の土の城壁ですが、近世（江戸時代）にはすでに取り壊されていたようです。もしかしたら一部が残っていたかもしれませんが、現在確認されたものはありません。残っていても戦争や都市開発などによって地形が大きく変わってしまい、誰にも気づかれずに消えていったかもしれません。それでも久米村あたりの発掘調査をすれば、土の城壁の遺構（版築など）がでてくる可能性もあります。

これまでの琉球史の「常識」でいけば、古琉球の久米村を城塞都市として見ることは考えにくいことです。しかし先入観を捨てて歴史記録を見ていけば、その可能性を指摘することは確かにできるのです。久米村の「土城」をどのように解釈するかは今後の課題ですが、もしかしたら調査が進んで久米村がグスク研究の対象になる日が来るかもしれませんね。

参考文献：夏子陽（原田禹雄訳）『使琉球録』、申叔舟（田中健夫訳）『海東諸国紀』
池谷望子・内田晶子・高瀬恭子訳『朝鮮王朝実録・琉球史料集成』

海峡だった久茂地川

パレットくもじ（那覇市）の近くを流れる久茂地川。川沿いにはゆいレールも通り、にぎわいを見せています。実はこの川、昔は海峡だったと聞いたら多くの人はビックリするのではないでしょうか。あの小さな川が海峡だなんて、とてもじゃないけど見えません。でも、地図でよく確認してみると、久茂地川は明治橋から崇元寺橋の付近まで、沖縄本島と那覇の市街地を分断するように走っています。川幅がせまくなったとはいえ、今でも海峡の痕跡を残しているのです。

那覇はかつての姿から大きくかたちを変えた町です。今からさかのぼること数百年前、那覇は「浮島」と呼ばれた独立した小島でした。その浮島と沖縄本島をへだてていたのが、今の久茂地川なのです。

かつての那覇の中心は今の東町・西町にあり、商業の町として栄えていました。王国時代には海外貿易の拠点としても機能し、那覇の浮島にはアジア各地域からさまざまな人々が移り住んできました。代表的なのはチャイナタウンだった久米村（今の那覇市久米）です。浮島と沖縄本島は、当時海だった今の松山あたりから崇元寺まで、全長1キロもの人工海中道路（長虹堤）で結ばれていました。

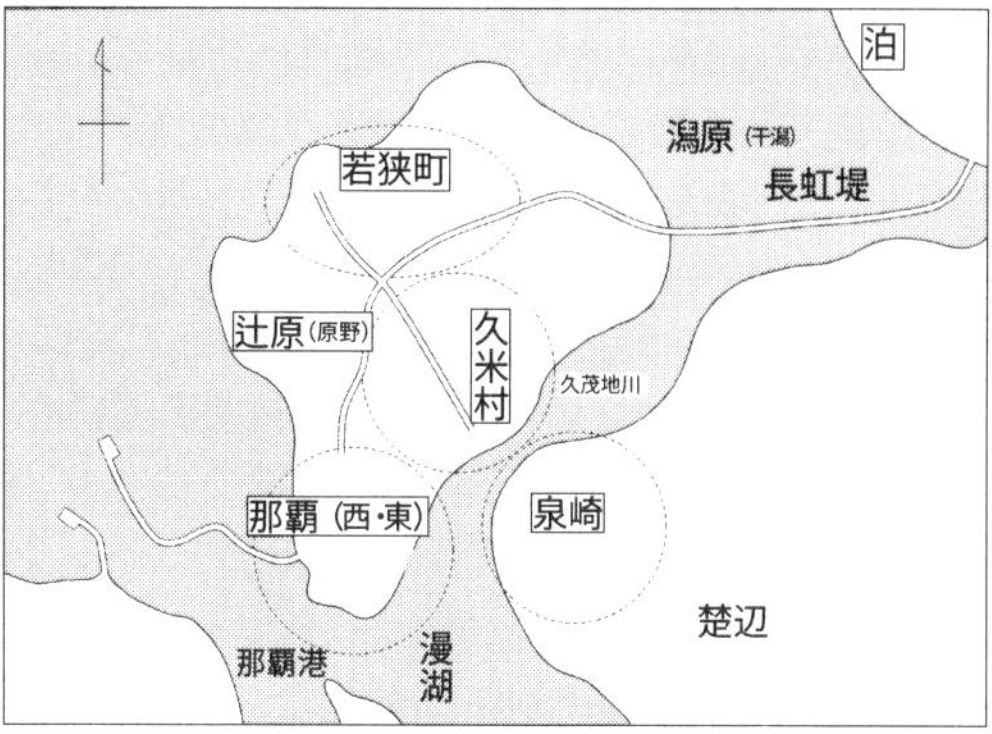

古琉球時代の那覇の浮島

久茂地はもともと普門寺村といい、家が数軒あるだけの荒野だったそうで、1667年に久米村の分村として開拓された比較的新しい村でした。村の範囲は今の美栄橋あたりまで続いていて、その多くは干潟でした。ここには約550年前に普門寺《ふもんじ》というお寺が京都南禅寺のお坊さん（芥隠《かいいん》）によって建てられたことから、この名前がつけられたわけです。

しかし年月が経って那覇の浮島の人口が増えたため、1733年に海峡の干潟が埋め立てられ、宅地となりました。いわば久茂地は新興の住宅地だったわけです。やがて村の名前も久茂地村に改められます。久茂地という村名は、久米村の人が縁起のよい文字を選んで付けたそうです。住宅地には職人や技術者たちがたくさん住むようになり、にぎわいを見せるようになりました。この頃の屋敷図を見ると、169軒もの家々があるのを確認できます。

このように久茂地は歴史とともに大きく変転しながら、今見るような姿になったことがわかります。ふだん何気なく通っている久茂地。一度じっくりめぐってみてはいかがでしょう。意外な歴史の跡が見つかるかもしれませんよ。

参考文献：上里隆史「琉球那覇の港町と「倭人」居留地」
（小野正敏ほか編『考古学と中世史研究3　中世の対外交流』）

古琉球の料理は何風？

琉球料理といえばブタ肉を煮込んだ「ラフテー」や昆布の炒めもの「クーブイリチー」などが知られていますが、こうした料理は近世に入ってから確立したものです。それでは古琉球の時代、琉球ではどのような料理が食べられていたのでしょうか。食材についてはある程度わかっていますが、実はくわしい献立やレシピが残っていないので、料理の実態はよくわかっていません。

近世には中国の冊封使を歓待するために作られた料理に、豪華な御冠船《うかんしん》料理がありますが、古琉球の時代、冊封使に提供する料理は琉球側で作らず、食材だけを準備して使節団にいた中国人の料理人に作らせていた、と冊封使録に書かれています。まだ来賓のお客様に出せるようなレベルに達せず、美味しくて手の込んだ料理を自前で作れなかったのでしょうか。かつて首里城の下之御庭あたりには冊封使が来た時に料理を作る「唐当蔵《とうあたいぐら》」という厨房がありましたが、1692年頃には使われなくなって建物も老朽化していたので、撤去されています。おそらくここに冊封使に同行した料理人を招き、料理を作らせていたのでしょう。

料理の献立やレシピがなくても、器から料理のスタイルに迫る方法もあります。沖縄の遺跡では中国から輸入された陶磁器がたくさん出てくるのですが、これらの陶磁器にはある傾向がみられるそうです。それは大型の盤《ばん》（皿）が日本本土より、よく見つかること。こうした陶磁器は飾るだけでなく実際の食事でも使用したはずです。そうすると、1人1人にお膳《ぜん》が出されてご飯を食べていたのではなく、中華料理のように大皿に料理を盛り、それを小皿やお碗に取り分けるような食事スタイルだったのではないか、と推測する意見もあります。

1606年に琉球を訪れた冊封使の夏子陽は「琉球では食事の際にハシとさじ（スプーン）を使う」と言っています。食事スタイルをうかがう重要な証言です。

今帰仁グスクの発掘調査では、当時の人々が食べた魚の骨や貝ガラなどの食べかすも見つかっていますが、分析したところ面白いことがわかりました。グスクの区画によって食べているモノが違うのです。

北山王が住んでいたはずのグスク内では、60センチを超えるような大きな魚（タマンなど）の骨などが見つかったのに対し、城外の城下町から出てくるのは小さい魚（ニザダイなど）の骨で、中核に住む人たちと比べると見劣りするような食材です。食べるものに違いや格差があったことがうかがえます。

また城内でブタあるいはイノシシの骨が多いのに対し、城外では牛馬の骨が多く、また馬は若い個体が目立つという違いがあります。城外の牛馬は農耕用のものもいたはずですが、内と外で明確に異なる傾向があるというのは、当時の食生活や食文化を調べるうえで興味深い事実です。

それにしても、グスクにいた人たちはどのような調理法でどのようにご飯を食べていたのでしょうね。

参考文献：『球陽』、夏子陽『使琉球録』
沖縄県立埋蔵文化財センター編『首里城京の内跡出土品展』
今帰仁村教育委員会編『今帰仁城跡周辺遺跡Ⅱ』

尚徳王＝倭寇？

尚徳王は第一尚氏王朝最後の王です。この王は別名「八幡之按司」という神号であり、1466年、自ら兵2000を率いて喜界島を征服した際、その勝利を記念して那覇の安里に八幡宮を建立しています。尚徳王が八幡を信仰していたことから、彼が倭寇の流れをくんでいるという一部の説があります（ナ、ナンダッテー！）。「八幡神は倭寇の守護神である」との理由からです。この説は妥当な説なのでしょうか。

結論からいうと、この説には疑問を持たざるをえません。倭寇うんぬん以前に、八幡神が本来持っていた性格を看過しているからです。それは八幡神の「軍神」としての性格です。

尚徳王がなぜ八幡宮を建立したのか。喜界島に遠征する前、尚徳王は八幡大菩薩に一矢で鳥を射たら遠征成功、はずれれば失敗と願をかけ、見事に射落としました。やがて鳥を落とした地に八幡宮を建て、弓矢・甲冑・鐘を奉納したのが始まりです。

つまりこの由来譚からわかるように、尚徳は喜界島との戦争の勝敗に関連してこの宮を建てたのであって、この八幡神が軍神としての性格に関連していたのは明白です。素直にこの状況から考えれば、わざわざ強引に倭寇説を持ち出すまでもありません。倭寇説の可能性はゼロではないにせよ根拠としてはかなり薄弱で、「歴史論は１００パーセント過去の事実を証明できない」という点から単にゼロではないというだけの話です。

安里八幡神社（琉球大学図書館蔵）

「琉球の王なのに日本の神を祭っている！　やはり倭寇か！」と思う方もいるかもしれませんが、ちょっと待ってください。15世紀当時の琉球で日本の神々を祭るのは珍しいことではありません。１４５２年（尚金福の時代）、王府ナンバー２の地位にいた中国人の懐機は海中道路（長虹堤）の完成を記念して、那覇に伊勢神宮を勧請しています。中国人が日本の神社を建てたのです。尚徳王＝八幡＝倭寇という同じ論理でいくと懐機＝日本人＝倭寇だったと結論づけられるでしょうか？　いや、僕はならないと思います。

　さらに尚巴志は１４３６年、懐機とともに中国道教（正一教。五斗米道《ごとべいどう》）の総本山に護符を要請しており（『歴代宝案』）、彼が道教を信仰していたことがわかっています。尚徳王＝八幡＝倭寇とまったく同じ理屈でいうと尚巴志は中国人だった!?　あれ？　尚徳って尚巴志の孫だったのでは…とすると尚徳＝中国人!?　……もちろん尚巴志＝中国人の可能性はゼロではありませんが、ちょっと無理があります。尚徳＝八幡＝倭寇の場合もそれと同じことです。

当時の那覇は諸民族が雑居する国際港湾都市で、外の世界からさまざまな人がやってきて住みついていました。彼らがもたらした外来の各宗教は、尚徳王代の時点ですでに天妃・道教信仰や仏教の禅宗・真言宗、熊野信仰、伊勢信仰などが存在し、定着していました。これらの宗教はやがて融合し、琉球在来の宗教とも混交していきました。例えば15世紀中頃、中国の天妃宮・道教の天尊廟には仏教寺院の鐘が設置され、何とヤマト禅宗の流れをくむ僧が駐在していました。『おもろさうし』には明らかに天妃信仰を謡ったオモロもあり、また日本の神・仏をノロ（神女）が天から降ろすというミセゼル（神託）もあります。

懐機も尚徳も日本の神々がすでに琉球で信仰され、日常的な風景になっていた状況で神社を勧請したわけで、尚徳は八幡大菩薩が軍神だと知っていたからこそ喜界島との戦争でその霊験を頼ったのです。それが、尚徳が八幡宮を建てた理由です。

なお尚徳の神号は同時代史料では「世高王」「せだかあんじおそい（世高按司添）」としかなく、「八幡之按司」は後世の記録でしか確認されていません。これこそ近世に「装われたもの」ではないでしょうか？

ちなみに沖縄を研究した鎌倉芳太郎のノートによると、安里八幡宮のご神体は何と熊野権現であったと記しており、尚徳王が奉納した弓矢と尚徳佩用《はいよう》の甲冑、そして別堂に祭ってあった為朝公の面は明治14、15年（1881～82）頃、鹿児島より来た山伏に持ち去られたとメモしています。事の真相は不明ですが、八幡神と熊野神がごっちゃになって信仰されていた可能性もあるのです。「純粋」な日本の神々ではない琉球の宗教の状況を念頭に置きながら、こうした問題をみていく必要があるように思います。

参考文献：池宮正治「琉球国王の神号と『おもろさうし』」（『琉球大学法文学部日本東洋文化論集』11号）
上里隆史「15～17世紀における琉球那覇の海港都市と宗教」（『史学研究』260号）
吉成直樹・福寛美『琉球王国と倭寇』、『琉球王国誕生』
『鎌倉芳太郎ノート　雑録』（沖縄県立芸術大学蔵）

倭寇は琉球船を襲わなかった？

大交易時代、琉球王国はアジア各地域に交易船を派遣してばく大な富を手に入れ、繁栄を極めたことはよく知られています。琉球船が活躍していた同じ時期、アジアの海には「倭寇《わこう》」と呼ばれる海賊が荒らしまわっていたのですが、琉球船はこの倭寇に襲われた事例がない、という意見があります。これは本当なのでしょうか。

結論を先に述べますと、これは事実ではありません。琉球船は常に倭寇襲撃の危険にさらされており、そのなかで海外貿易に乗り出していたのです。

例えば1421年（第一尚氏の時代）には、琉球船が倭寇の船20隻に襲われ、皆殺しに遭っています。以降、琉球船は海賊に備えて貿易船に防衛のための武器を積んだ、と琉球の外交文書集（『歴代宝案』）にあります。同じく1421年、前九州探題・渋川道鎮《どうちん》から朝鮮王朝への報告によると、朝鮮へ向かう琉球船が対馬《つしま》の海賊にまちぶせされ、死者数百人、貿易品は略奪され、生存者は奴隷として連行、船も焼失するという惨事が起きています（『朝鮮世宗実録』）。これ以降、琉球は朝鮮へ直接、船を派遣することはなくなってしまいました。

また1420年に京都へ向かった朝鮮使節は、瀬戸内海の海賊衆から「琉球船は宝物を満載しているので、船が来たらただちに略奪する」との証言を聞いています（『老松堂日本行録』）。

これらの事例からでもわかるとおり、15世紀初頭の琉球にとって倭寇は大きな脅威だったのです。朝鮮半島方面の海寇・倭寇と琉球（とくに第一尚氏王朝）が特別な友好関係であったとする説は、これらの事実から成り立ちません。

では琉球は倭寇に対してただ手をこまねいていただけなのでしょうか。いえ、そうではありません。1431年、琉球は朝鮮に再び使節を派遣します。その時、琉球使節とともにいたのは、何と対馬海賊の頭目、早田六郎次郎《そうだろくろうじろう》でした。彼は対馬の豪族、早田左衛門太郎の子で、この頃の早田氏は対馬島主の宗氏をしのぐほどの実力者となっています。おそらく早田氏は対馬での琉球船襲撃事件にも関与していたと考えられます。

この時の琉球使節は朝鮮国王に対し、こう述べています（『朝鮮世宗実録』13年11月）。

「我が琉球は武寧・思紹王の頃より朝鮮と友好の礼を互いに行ってきました。しかしその後、倭人（倭寇）が（通交を）妨害し、ひさしく修好を行なえませんでした。昨年、以前のようによしみを通じようと船を準備して風を待ちましたが、数か月もよい風が吹きません。そのとき、対馬の賊首・六郎次郎の商船（1隻）が琉球に滞在していたので、それに便乗してやって来ました」

1421年の対馬の海賊襲撃事件以来、琉球は倭寇を警戒し朝鮮へ派遣船を出せずにいたことがうかがえます。さらに驚くべきことは、琉球使節は自分たちを襲った側であるはずの対馬海賊の船に乗って朝鮮へやってきたのです。

これはいったいどういうことなのでしょう。やはり琉球は倭寇と何らかの同盟関係にあったのでは!?　と思うかもしれませんが、ちょっと待ってください。そう考えるのは早計です。

参考文献：『歴代宝案』、『朝鮮王朝実録』
宋希璟『老松堂日本行録』

●対朝鮮通行の基本スタイル

対馬海賊の船に便乗した琉球使節の事例からわかることは、当初、朝鮮への派遣船は琉球が独自に準備しており、対馬賊首の六郎次郎の船へ便乗することに急きょ予定が変更されたこと、また六郎次郎の船は「商船」として琉球（おそらく那覇港）に停泊していたことです。

「琉球使節はたまたま商倭の船とともに来た」（『朝鮮世宗実録』）とあるように、対馬船は交易を目的としてたまたま琉球に滞在していただけで、琉球使節の便乗は偶発的な出来事であり、あらかじめ「盟約」のような特別な協力関係は存在しなかったと考えたほうが妥当です。

このような「便乗」のかたちは本当に特別なものなのでしょうか。おそらく日本中世史に詳しい方は思い当たるかもしれません。これは海賊衆の「警固《けいご》」と呼ばれる中世の慣行に近いのではないでしょうか。警固とは海賊衆が自分の縄張りの範囲に航行する船の安全を保障するため、報酬をもらって「ガード兼パイロット」の役を担当する行為。警固方式は雇い主の船に海賊が乗り込むか（上乗《うわの》り）、あるいは海賊船が伴走するなど様々だったようですが、琉球使節の対馬船への便乗はこの警固の一種であったのはほぼ間違いないと思います。当時、日本の遣明船や日本へ向かう朝鮮使節など外交使節船にも海賊衆による警固が適用されていたことから、不自然なことではありません。

朝鮮へ向かう要所の対馬海域はまさに六郎次郎の縄張り。この「海のヤクザ」ともいうべき賊の頭目・六郎次郎に「みかじめ料」を払って味方につけ水先案内をさせれば、これほど安全なことはありません。六郎次郎も当時の社会慣行であった海上警固を琉球に要請されたために容易に応じたのでしょう。対馬側にとっても琉球とともに朝鮮へ向かえば、警固料だけでなく貴重な貿易の機会を手にすることができます。

六郎次郎は当時の慣行にのっとりきわめてビジネスライクに琉球と取引したのであって（契約すれば保護する、そうでなければ襲う）、琉球王との特別な結びつき（たとえば同じ「倭寇」出自であることの仲間意識や親族関係）があったとは思えません。このように琉球は中世日本で一般に行われていた社会慣行をうまく活用して海賊衆（倭寇）を味方につけ、最も安全な方法で朝鮮王朝との通交を再開したのです。

この便乗・委託方式は以後も踏襲され、那覇港で交易活動をしていた博多商人の道安《どうあん》や佐藤信重などが「琉球使節」として朝鮮と通交しています。彼らは琉球国王の代理として一時的に臣下となると同時に、自らの交易品も朝鮮に持ち込み商売をしたのです。やがて博多商人たちはこの外交ノウハウを活用（悪用？）し、偽の琉球使節を仕立てて朝鮮貿易を行ってしまいます。

ちなみに1501年に朝鮮へ向かった琉球使節の乗った船は、4隻で470人の大使節団でしたが、何と琉球人はたったの22人だけ！　あとはすべて「倭人」だったようです（『朝鮮燕山君日記』）。このように第二尚氏の時代になっても琉球は船を直接派遣せず、便乗・委託方式は対朝鮮通交の基本スタイルだったことがわかります。

14世紀後半以降の那覇の港町には琉球の現地権力とは無関係に活動する多くの民間交易勢力が滞在しており、日本人の居留地までありました。王府はこうした海域アジアの民間勢力を上手に活用することで、アジア各地域との通交を可能にしたわけですね。

参考文献：橋本雄「朝鮮国王使と室町幕府」（日韓歴史共同研究委員会編『日韓歴史共同研究報告書　第二分科（中近世）』）
『中世日本の国際関係』
佐伯弘次「15世紀後半以降の博多貿易商人の動向」（『東アジアと日本』2号）
上里隆史「琉球那覇の港町と「倭人」居留地」（小野正敏ほか編『考古学と中世史研究3　中世の対外交流』）

東南アジア貿易は途絶したのか

アジア各地へ交易活動を展開していた15世紀の琉球王国ですが、16世紀に入ると倭寇をはじめとした民間勢力の台頭で貿易は衰退し、1570年のシャム（タイ）派遣船を最後に東南アジア貿易は途絶した、というのがこれまでの通説です。しかし、史料を探っていくと1570年以後も東南アジア貿易は続いていたことがうかがえます。

1598年には、堺商人の川崎利兵衛《りへえ》が琉球の「南蛮才府《なんばんさいふ》」に任命されています（『蒙姓家譜』）。彼は茶器を求めて長崎から琉球へたどり着き、そのまま定住して王府役人に登用された人物。「南蛮」とは東南アジア、「才府」とは現地で貿易品の買いつけをおこなう役職です。おそらく商才を買われ、王府にスカウトされたのでしょう。家譜には年月日が記載されてることから、家譜編集当時に南蛮才府の辞令書を参考にした可能性が非常に高いです。

さらに万暦年間（1573~1619年）には、ルソン（フィリピン）へ交易におもむいた新垣筑登之《ちくどぅん》親雲上《ぺーちん》善房《ぜんぼう》の例があります（『那姓家譜』）。注目されるのは、彼は「倭人」の自安大円宋治《じあんだいえんそうじ》なる人物とともに交易をおこなったことです。「自安」とは洗礼名「ジョアン」の当て字である可能性も考えられます。スペイン領フィリピンはキリスト教の地域で、当時は日本でもキリスト教徒はたくさんいたからです。この時期、琉球の航海技術は低下し、遭難船が相次いでいました。そこで海域世界で活動する日本人海商たちに便乗、あるいは共同するかたちで東南アジア貿易を続けようとしていたのではないでしょうか。

琉球征服後の1615年、島津家久は琉球の尚寧王を介するかたちでフィリピン総督フワン・デ・シルバに書簡を送っていますが（『江雲随筆』）、そのなかで「琉球とフィリピンは20年来、通交しなかった」と記しています。逆算すれば1590年代まで通交は続いていたことになります。

フィリピンは16世紀当時、東南アジアの一大貿易拠点へと成長していました。琉球はシャムを撤退した後、新しい市場を開拓し、貿易を続けようとしていたとみられます（結局はうまくいきませんでしたが）。

このように琉球が1570年以後も東南アジア貿易をおこなっていたのは確実です。教科書や通史の記述もあらためる必要があるかもしれませんね。

参考文献：上里隆史『海の王国・琉球』

我が物としての利用

「世《よ》の主《ぬし》」。かつて古琉球の時代に呼ばれていた支配者のことです。もとは各地の首長（按司）たちの呼称でしたが、やがて琉球国王を指すようになります。「世」とは琉球語で「世界・社会・時間」などを意味します。

古琉球の王はしばしば国内外に「琉球国の世の主」を称しており、第二尚氏の尚清王の頃まで使われていました。「王」という称号は単に「キング」という意味ではなく、中国（明）から与えられた国際的な称号です。よって厳密にいえば、1372年中国に入貢した察度《さっと》王以前にこれをさかのぼらせることはできません。舜天を発祥とする王統史観は近世的な観念で解釈されたものなのです。

「王」と「世の主」呼称の関係は、ヤマトの足利将軍が中国より「日本国王」として任命されたものの、国内においては「室町殿《むろまちどの》」を称していたのと同じようなものです。ただし琉球の場合、中国側の論理を受容し利用する度合いが、日本と比べ相対的に大きかっただけのことです。

前近代の東アジアでは、超大国の中国が設定した国際秩序（冊封《さくほう》・朝貢《ちょうこう》体制）が存在しつつも、それが現代の国際関係のように主権国家同士の共通ルール、絶対の前提として必ずしも共有されていませんでした。各国・各地域が独自の論理や世界観（例えば日本の神国思想や朝鮮の小中華意識など）を持ちながら、同じステージで交渉するという「非対称の外交」ともいうべき複雑な状況が形成されていたのです。

橋本雄《ゆう》氏（中世日本史研究者）は近年、前近代の国際関係について《我が物としての利用》という概念を提唱しています。相手側の外交ルールにのっとりながら、それを逆手にとり自らの利益につなげるやり方です。15世紀、朝鮮王朝に対し「朝貢」の形式で交易を行う対馬・博多商人や、明の皇帝から「日本国王」に冊封された足利将軍が、遣明船を派遣して朝貢貿易を行うのも、これに当てはまります。

このように考えると、古琉球の歴史は支配者が「世の主」として琉球世界に君臨しながら、中国を政治的・経済的にどのように《我が物として利用》してきたか、というとらえ方が可能です。琉球内部で展開した独自の歴史を視野に入れて「アジアのなかの琉球」のありようを再検討することが今後求められています。

参考文献：橋本雄「室町日本の対外観」（『歴史評論』６９１号）

ぞくぞく！近世琉球の世界

薩摩は琉球の手下⁉

薩摩といえば1609年に琉球王国を占領した「支配者」です。琉球は薩摩に毎年税を払い、あいさつに出向き、さまざまな政治的な制約を受け、いわば「子分」のような存在になってしまったわけです。しかし、かつては琉球王国が薩摩の上に立ち、薩摩がへりくだっていたとしたら?「まさか! あんなに強い薩摩が弱小の琉球王国の下につくなんて考えられない!」と思う読者もいることでしょう。ところがどっこい、あるんです。最近の琉球と薩摩との関係を分析した歴史研究では、驚くべき説が出されています。

1500年代はじめの尚真王の時代、琉球は中央集権化を達成して八重山や久米島を征服、奄美大島にも攻め込んで反乱を鎮圧し、琉球史上の最大版図を築いていました。

一方の薩摩は島津の分家がそれぞれ分裂して、守護職をもつ島津本宗家に対抗し、さらに国人領主も台頭、島津氏領国は統一にはほど遠い状態でした。さらにこうした内乱に乗じて日向(宮崎県)の伊東氏や肥後《ひご》(熊本県)の相良《さがら》氏が島津氏領内を侵食しつつありました。この時期の島津家当主の忠昌《ただまさ》は、領国内をまとめきれず悲観して1508年に自殺してしまうほどでした。

現代のわれわれは「薩摩」と聞くと明治維新を主導した強藩、かつ琉球の支配者というイメージがありますが、こうして強くなるのは戦国時代末期からであって、昔からずっと変わらずに強藩だったのではありません。とくに中世の島津氏は弱体化していて、薩摩一国すら満足に統治できなかったのです。こんな状態で琉球まで支配をおよぼすなんて、できるはずがありません。

その反面、琉球王国はどんどん勢力を拡大していました。琉球は奄美や先島を征服してその勢力下におくだけではありませんでした。奄美より北のトカラ列島（七島衆）、そして鉄砲伝来で有名な種子島氏まで自らの「臣下《しんか》」と位置づけていました。1521年には琉球の三司官から種子島氏に手紙が送られ、種子島氏の以前より忠節を尽くしていることを喜び、年1隻の貿易船を派遣する権利を与えています。琉球は種子島氏を島津氏の家来ではなく、単独の「国」としてあつかっています。

種子島氏だけではなく、肥後の相良氏も琉球への「朝貢」をして貿易船の派遣を認められたようです。つまり、尚真王から尚清王にかけての絶頂期の琉球王国は、みずからを中心とした世界秩序を奄美や先島だけではなく、九州の南部にまで拡大していたのです（それは一時的なものでしたが）。

日向の飫肥《おび》を拠点にしていた島津氏の分家である島津忠朝《ただとも》も琉球に使者を派遣していますが、その手紙のなかでは尚真王のことを「前皇《ぜんこう》（前の皇帝）」、尚清王の手紙を「詔書《しょうしょ》（皇帝が出す文書）」と表現していて、みずから琉球の下にある存在と認めています。さらに1508年、島津本宗家の家督を継承した島津忠治は、きわめて低姿勢で尚真王に手紙を送り、美辞麗句《びじれいく》で琉球を称《たた》え、自分たち薩摩を「下国《げこく》（琉球より下の国）」、琉球国王の名前を文書中で一段高く書いています（琉球の中国皇帝に対する態度と同じ)。

当主も自殺して本宗家の権威が地に落ちた島津家は琉球を頼り、薩摩から琉球への貿易権を自分に独占させてもらうよう頼むためでした。その独占によって領国内で勢力を復活させる必要があったのです。ただ琉球側はこうした島津氏の頼みについては認めなかったようです。

「薩摩が強い、琉球が弱い」という、現在定着したイメージですべての時代をみてはいけないことがおわかりでしょう。時代によって両者の関係は波のように変化するのです。

こうした薩摩の混乱は、まもなく分家から出た島津忠良《ただよし》と貴久《たかひさ》親子によって収束し、次第に「九州の覇者」へとなっていきます。その頃から薩摩の琉球に対する態度が変わりはじめ、大きな力をバックに無理難題を琉球に迫《せま》りはじめます。こうした動きは1609年の琉球征服へとつながっていくのです。

参考文献：村井章介「古琉球をめぐる冊封関係と海域交流」(村井章介・三谷博編『琉球からみた世界史』)
屋良健一郎「種子島氏と琉球」(島村幸一編『琉球　交叉する歴史と文化』)
上里隆史『琉日戦争一六〇九』

島津軍の琉球侵攻とは

琉球の歴史のなかで大きな時代の転換となった事件が1609年の薩摩島津軍の琉球侵攻です。この事件は薩摩が攻めてきた事件として知られていますが、単に琉球と薩摩藩の小規模な地域対立だったのではありません。薩摩藩の背後には日本の全国政権と当時の東アジア情勢があり、「日本」と「琉球」に「明（中国）」がからんだ、国と国との激突といったほうがいいかもしれません。

交易によって栄えていた琉球王国ですが、16世紀の中頃になると衰退へ向かいます。明朝の琉球優遇策がなくなり、さらに海域アジアで民間交易が活発となって琉球の活躍する場は次第に奪われていきました。当時の中国では貨幣経済が進展し、ばく大な銀の需要が生まれて世界中の銀を「爆食」しはじめたのです。なかでも日本産の銀は全世界産出量の3分の1を占め、その運び手は日本や中国の民間商人でした（彼らは倭寇とも呼ばれます）。銀を産出しない琉球は苦境に立たされていきます。

その頃、日本では戦国乱世から豊臣秀吉が天下を統一し、さらに明朝を倒してアジア世界の征服をたくらみます。秀吉は朝鮮に侵攻し、琉球にも薩摩の島津氏を通じて圧力が加えられていきます。島津氏はこれに乗じて朝鮮侵攻の兵糧を琉球に押し付け、秀吉によって琉球は一方的に服属国とみなされてしまいます。衰退していた琉球は銀を産出する日本の経済的に依存せざるをえなくなっていたのです。琉球は断腸の思いで日本に兵糧を半分出しますが、その一方で明朝に秀吉の企みを最初に通報します。通報した人物は、後に薩摩に徹底抗戦する謝名親方でした。

秀吉の野望は無残な失敗に終わり、やがて徳川氏の天下になると、秀吉の朝鮮出兵後に途絶えた明との国交を回復するため、琉球に仲介をさせようと家康が動きます。ちょうどその頃、琉球船が日本に漂着。漂着民を保護した家康はお礼の使者を琉球に要求し、それをきっかけに琉球に明との講和と貿易の再開を仲介させようとしますが、使者を送ることは日本の従属下に入ることを意味したため、琉球は拒否。秀吉時代に政治的な妥協を重ねていた尚寧政権は、同じ過ちを繰り返すまいと、明朝をバックに徳川新政権に対して反抗に転じていました。この時に尚寧王は抗戦派の謝名親方を三司官（大臣）に大抜擢しています。

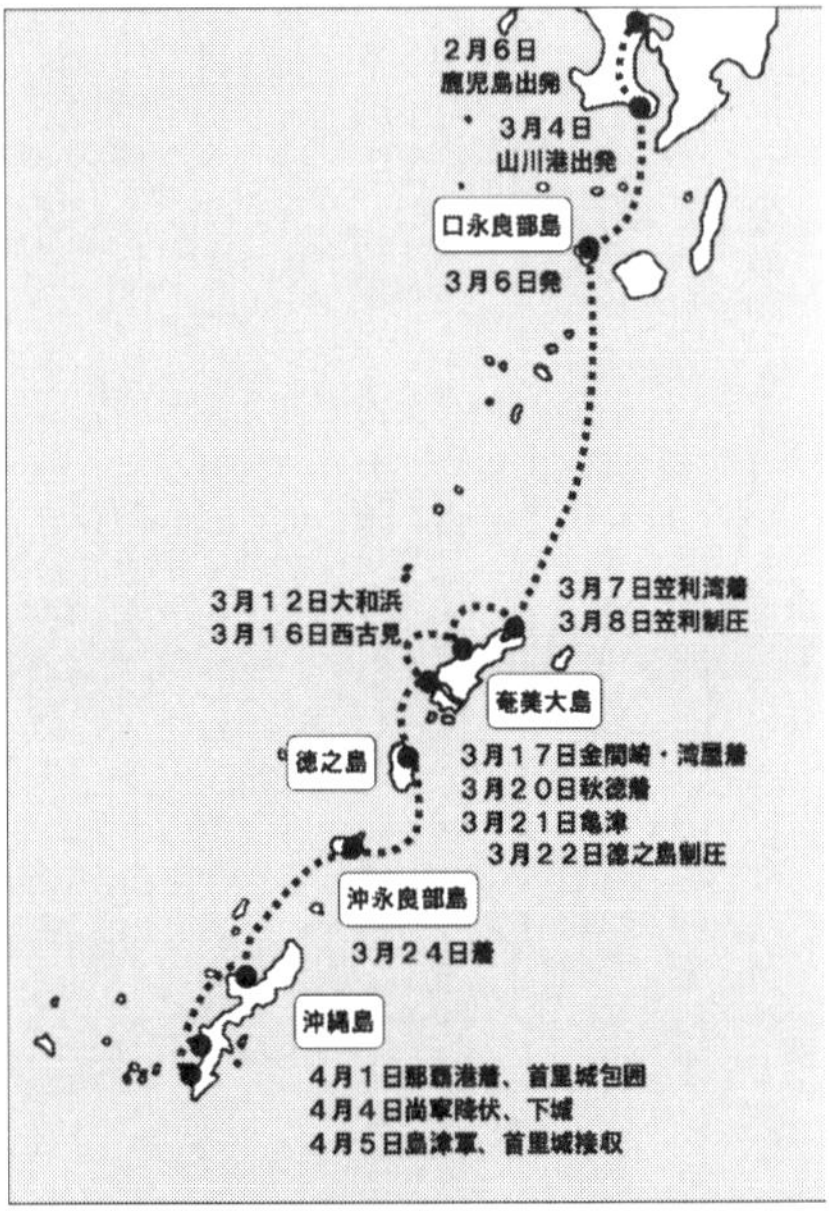

島図軍侵攻ルート

こうした徳川政権の要求を拒否し続ける琉球を「成敗」すべく、これに乗じて島津氏が琉球侵攻を願い出て１６０９年、ついに薩摩から３０００人の侵攻軍が琉球を襲います。

琉球側は島津軍の侵攻に対して、講和を模索しつつ王国軍による防衛体制をしいていました。琉球は奄美の徳之島と那覇に軍勢を集中し、島津軍を迎え撃とうとします。数のうえで勝っていた琉球軍でしたが、装備も旧式で実戦経験もなく、戦国歴戦の猛者が集まる島津軍には歯が立ちませんでした。

国王の尚寧は降伏して首里城を開城、島津軍によって日本まで連行され、徳川家康と対面することになります。尚寧は2年後に帰国しますが、以後、琉球は薩摩藩の支配下に入り、様々な政治的規制を受け、奄美地域も奪われてしまいます。こうして古琉球の時代は終わりを告げたのです。

参考文献：上里隆史『琉日戦争一六〇九』

薩摩の尚寧、東に祈る

1609年、島津軍3000人が琉球を襲い、占領しました。尚寧《しょうねい》王は降伏し、4月5日に首里城を明け渡すことになりました。やがて島津軍の大将・樺山久高《かばやまひさたか》は尚寧王に、「薩摩へ渡って（島津家久に）御礼（従属の儀礼）をしなければならない」と日本へ渡航するよう強制します。琉球の王が他国へ渡るなど前代未聞です。しかし敗れた王にこれを拒否する権利はありませんでした。

5月15日、島津軍とともに尚寧王と供の者100人あまりが鹿児島へ向けて那覇港を発ちました。やがて一行は薩摩の山川港を経て、島津家久のいる鹿児島へ到着しました。鹿児島では新築の屋敷が用意されていて、尚寧王はしばらくそこに滞在していました。

そして年明けて1610年。新年を異国で迎えた尚寧王は、元旦にある祈りを行います。その様子を伝えた『喜安日記』にはこう書かれています。

「正月三ヶ日は尚寧王のもとに誰も訪れてこなかったが、朝の御拝《みはい》を東方に向いて祈られた」

この行為は今まで注目されてきませんでしたが、非常に興味深いものです。尚寧王はただ気まぐれに祈っていたのではありません。

古琉球では、元旦に首里城正殿前の御庭で「朝拝御規式《ちょうはいおきしき》」と呼ばれる、王国の年中儀礼のなかで最大のイベントが行われていました。これは御庭に諸官一同・諸山の長老（和尚）が整列し、その年の吉方（恵方《えほう》）に向かって祈る儀式です（近世には北方に固定）。中国系の音楽が流れ鮮やかな旗・儀仗で飾られた荘厳なものでした。

しかしこの年、王は鹿児島へ連行されていたので儀式が行えません。そこで囚われの王は臨時的にたった一人で祈りを行っていたのです。東方に祈ったというのは、あるいは東方海上に存在すると考えられた別世界「ニライ・カナイ」の方角に向けてのものだったかもしれません。

王は「てだ」（太陽）の化身とされ、その力は琉球世界を豊穣にすると考えられていました。正月の儀礼は、その年の安泰を祈願す

首里城儀式の国王

る役割もありました。もしかしたら二度と戻ることはできない状況で、尚寧王は遠く離れた異国の地から琉球の幸せを祈っていたのです。

参考文献：『喜安日記』

琉球に贈られた狩野派の屏風

島津氏が琉球へ外交圧力をかけていくきっかけとなったのが、1575年の「綾船《あやぶね》一件」と呼ばれる事件です。島津義久の家督相続を祝う「綾船」を琉球が派遣した際、島津氏が強硬な態度でさまざまな要求を突きつけ、その要求を呑ませようとした事件です。「綾船」とは琉球の正式な使節船のことで、「綾」とは琉球語で「あざやかな、飾られた」という意味。首里城の坊門《ぼうもん》（飾りの門）である守礼門が「綾門《あやじょう》」と呼ばれていることからもわかります。

それまでの琉球と島津氏の関係は、基本的に対等な関係でした。ところが、島津氏が南九州を統一し勢力を拡大するようになると、琉球へ向かう船の統制をはかろうとして、琉球王府に島津氏の発行した印判（渡航許可証）を持たない商船を受け入れないよう強制します。しかし、たくさんの商船を招致することで成り立っていた琉球にとって渡航規制を受けることは死活問題です。

円覚寺（那覇市歴史博物館提供）

琉球は島津氏のたび重なる要求を黙殺していましたが、「綾船一件」でしぶしぶ島津氏の要求を呑むことになりました。

両者の関係が悪化するなか、島津氏老中の伊集院忠棟《いじゅういんただむね》は狩《か》野法眼《のうほうげん》に直接注文して描かせた屏風を琉球の円覚寺にプレゼントし、円覚寺のほうから琉球国王へその仲を取り次ぐように依頼しました。依頼の手紙と屏風はトカラ列島の海上勢力であった七島衆によって運ばれています。

円覚寺は琉球最大の寺院で、単なる宗教施設ではなく対日外交担当部局としての役割も果たしていました。さらに当時の円覚寺には島津義久が幼少の頃、薩摩で教えを受けていた僧侶もいました。島津氏との個人的な関係も持っていたわけで、こうしたつながりから忠棟は円覚寺へ手紙を送ったのです。

狩野派といえば当時の日本で将軍家や諸大名から珍重された画家の一派です。その絵が琉球の円覚寺にも存在したことになります。残念ながらこの屏風は現存していないので、どのようなものだったかはわかりませんが、伊集院忠棟はこうした高価な美術品を贈ることによって、琉球との交渉の糸口を探ろうとしたのです。

参考文献：深瀬公一郎「十六・十七世紀における琉球・南九州地域と海商」（『史観』157冊）

死刑になった名護親方

1614年、中国（明朝）に向かった琉球の使節は、皇帝にこう述べました。

「名護親方は使命を汚した罪により、死刑にしておきました」

名護親方と言えば当時の三司官、名護親方良豊（馬良弼）のことです。しかも名護は実際には死刑になってはいません。なぜ琉球はこうしたウソをついたのでしょうか。そして名護はいったい何をしでかしたのでしょうか。

1609年に琉球を征服した島津氏でしたが、なぜ琉球を攻めたかというと、それは島津氏のさらに上にいる徳川政権が日明の国交回復を琉球に仲介させようとしたことが一番の原因でした。秀吉の朝鮮出兵で日明の国交は断絶しており、家康はどうにか関係を修復して明との貿易を行いたかったからです。

琉球が征服されると、徳川政権は島津氏に命じて日明関係の回復と貿易の復活を琉球に交渉させようとします。これを受けて島津家久は、明への3つの提案を作成します。その内容は、

（1）どこかの辺境の島で日明が出会い貿易を行う、（2）毎年中国より商船を琉球に渡航させ日明貿易の中継地とする、（3）日明両国が相互に使節船を派遣する。この3つの中から1つを明は選択せよ。もし拒否すれば、中国に日本から軍勢を派遣し、街を破壊し人々を殺戮する。

というもの。完全に脅迫です。

琉球は名護親方が使節となって、1612年にこの書簡を明朝へ提出しましたが、これが大問題となります。この時の琉球使節には日本人（おそらく薩摩の人間）もまじっており、荷物検査に刀をふりかざし反抗するというトラブルも起こしました。明朝は島津軍の征服で琉球が日本に操られていることを見抜き、本来は2年に1度の朝貢のところを、10年後にまた来い、と事実上の朝貢停止措置に出たのです。日本の交渉は失敗に終わりました。

10年後の朝貢を命じられた琉球でしたが、これに慌てた王府は、元通りの朝貢に戻すことをお願いしに明朝へ行きます。実は、名護親方はこうしたなかで、不届きな脅迫文を届けたすべての責任を負わされ、王府は処刑したと報告することで問題の沈静化をはかったわけです。とはいえ、名護親方は実際には何の罪にも問われていないので、あくまでも明に向けてのポーズだったことがわかります。

ちなみに琉球は何度も旧来通りの朝貢回復をお願いするついでに、ちゃっかり貿易を行っています。なので結局、実質的に中国貿易は継続して行われていたわけです。したたかな琉球のやり方がよくわかりますね。

参考文献：渡辺美季「琉球侵攻と日明関係」(『東洋史研究』68-3)
上原兼善『島津氏の琉球侵略』

おかゆを流したのはなぜ

島津軍侵攻は琉球がこれまで経験したことない、大きな「いくさ」でした。琉球で平和に暮らしていた人々は、この外からの脅威に対してどのように対応したのでしょうか。

1609年3月に薩摩の山川港を出発した3000人の島津軍は、那覇をめざして奄美諸島を南下していきます。琉球側は手をこまねいていたのではなく、徳之島に軍勢を集めて防ごうとしました。ここでは刀や弓矢を持った兵士だけではなく、村の人たちもそれぞれの家からある「武器」を持って出てきました。

その「武器」とは、グツグツと煮た粟《あわ》のおかゆです。人々はこのおかゆを道や坂に流すという奇妙な行動に出ます。徳之島の人にとって、この行為はれっきとした戦闘行為でした。実は、奄美では粟のおかゆは悪霊を払う力を持つと信じられており、たとえば奄美大島の名瀬では神女

（ノロ）が村の背後にある拝み山で粟のおかゆを流し、悪霊から村を守る儀式を行っていたそうです。つまり、彼らは侵入してくる島津軍を悪霊と同じように考え、普段の生活で行われてきた方法で、外敵を撃退しようとしたのです。

また神女たちの神歌を集めた歌謡集（『おもろさうし』）には、侵入してきた「大和前坊主《やまとまえぼじゃ》」（チョンマゲの武士を馬鹿にした言葉）をニライ・カナイの底へ沈めよ、と歌ったものがあります。沖縄には海のかなたにニライ・カナイという別世界が存在すると信じられていて、そこからは幸せだけでなく災いももたらされると考えられていました。

沖縄の年中行事には「アブシバレー」（畦払い）という、農耕の害虫などを小船に乗せて海へ流すという儀式がありますが、これはニライ・カナイから来た災い（害虫）を元の世界へ戻そうとするものです。つまり、神女たちは侵入してきた日本の武士たちを害虫と同じように扱い、海の向こうへ追い返そうとしたのです。

当時の琉球では、神女の霊力は実際の戦闘力と同じ力があるとかたく信じられていました。ある石碑には「沖縄は聞得大君（ノロの頂点にいる女性）の霊力で守られている」と記されています。実際には島津軍に何のダメージも与えられませんでしたが、琉球の人々は日常生活の儀式を応用して、外敵に対抗しようとしたわけです。これも生活の知恵といえばそうなのかもしれませんね。

参考文献：波照間永吉編『琉球の歴史と文化―『おもろさうし』の世界―』

歴史の闇に葬られた王子

尚寧《しょうねい》王といえば、1609年島津軍の侵攻で降伏した悲劇の王として知られています。この尚寧の次の王には佐敷王子朝昌《ちょうしょう》という人物が尚豊《しょうほう》という名で即位していますが、もともと尚寧には別の正式な後継者（世子）がいたのをご存じでしょうか。彼の名は「尚熙《しょうき》」。またの名を中城王子朝長《ちょうちょう》といい、尚寧のイトコに当たります。

本来、尚寧の次に国王になるはずだった尚熙が、なぜ尚豊にとって代わられたのでしょうか。一番の大きな原因としては島津氏の琉球征服があげられますが、その他の背景には王国の内部対立があったと考えられています。

もともと尚寧は浦添に本拠地を持つ尚家で、首里の本宗家とは別個の家でした。前代の尚永王には子が無く、王の娘婿だった尚寧王が浦添から国王に迎えられたのです。浦添尚家は尚真王の長男（尚維衡《しょういこう》）の家系で、本来なら王家の直系なはずですが、ある陰謀により廃嫡、浦添に追放されてしまい不遇の時代が続いていました。

本来の直系であるはずの浦添尚家が王の座につき、尚寧は見事、リベンジを果たしたと言えるでしょう。しかし尚寧政権の誕生は、首里尚家グループの中に新参者の浦添尚家グループが乗り

❸
尚真

首里尚家 ── 尚清 ❹ ── 尚維衡 ── 浦添尚家

❻ 尚永　❼ 尚寧・尚熙　❼ 尚熙

❽ 尚豊

❾ 尚賢・尚恭

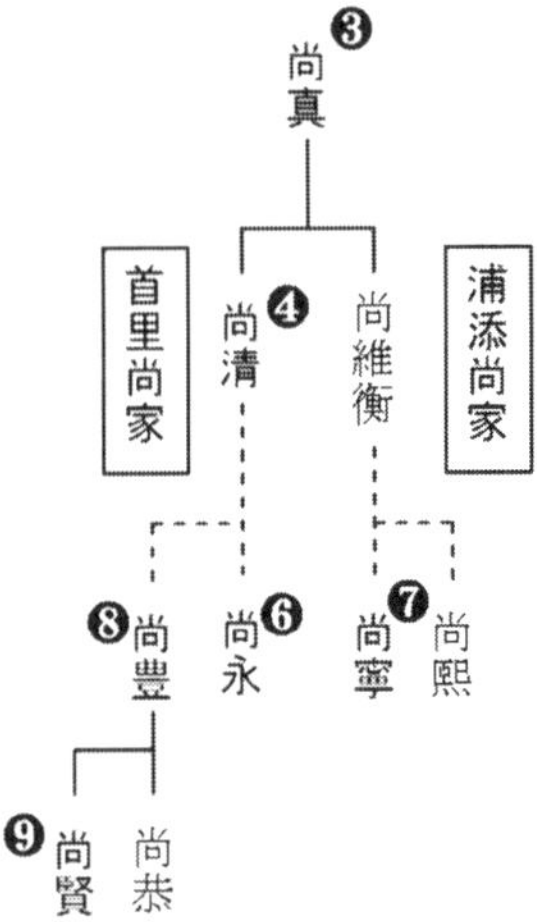

※番号は国王の順序

込んでいくことを意味していました。尚寧王の時代には家臣の反乱や三司官の失脚などの様々な対立が起こりますが、これらは首里尚家と浦添尚家の対立によるものだったと考えられます。

尚寧には子がいませんでしたが、後継者として尚熙を指名していました。中城王子を名乗ることは次の王位継承者のみに許されたことでした。尚熙はこの中城王子だったのです。

ところが島津氏の琉球征服後、尚寧が死ぬ直前に後継者は首里尚家の尚恭（尚豊の子）に変更されてしまいます。この変更は薩摩が指示・決定したのではなく琉球内部で決定され、それを薩摩が追認する形で行われました。首里尚家グループは親薩摩派となることで勢力を伸ばし、浦添尚家から王位の奪還を図ったのです。征服後も尚寧政権は陰に抵抗を続けていて、薩摩側にとっても琉球での親薩摩政権誕生は望むところでした。

さらに後継者として決定された尚恭は、幼少で政務がとれないことを理由に彼の父である尚豊に変更されました。この変更は首里尚家グループの家臣、読谷山親方（毛鳳朝）が独断で薩摩藩に掛け合い変更させたものでした。尚恭の母は尚寧の弟、具志頭王子の娘でした。つまり尚豊への変更は浦添尚家の息のかかった尚恭を排除することを目的としていたわけです。

尚豊の即位後、後継者にはこの尚恭ではなく首里尚家の尚賢《しょうけん》が選ばれました。尚恭が幼少であるとの理由は、あくまで建前だったことがわかります。

こうして尚豊らの首里尚家グループは王府の中枢から浦添尚家の勢力を追い出し、再び王権を奪還することに成功したのです。

参考文献：池宮正治「尚寧王の世子たち」(『首里城研究』３号)
豊見山和行『琉球王国の外交と王権』

琉球の構造改革――羽地朝秀の闘い

●羽地朝秀の闘い(１)

私たちがイメージする琉球の伝統とはいつ頃から成立したものなのでしょうか。多くの人は、アジア世界に雄飛していた大交易時代の琉球(古琉球時代)を思い浮かべることでしょう。しかし、その時代を調べていくと、どうも私たちがイメージする「琉球的」なものとは一致しない場合があります。

実は、現在見ることのできる「琉球的」な文化・伝統は、薩摩に支配された近世において、それまでの伝統や社会制度を破壊する大改革の結果に出来上がったものなのです。

大改革はまず、17世紀の羽地按司朝秀《はねじあじちょうしゅう》（唐名は向象賢《しょうしょうけん》）によって着手されました。なぜこの時代に、それまでの琉球社会を大転換するような改革が行われたのでしょうか。

１６０９年、琉球は薩摩軍に敗北します。薩摩は王国体制をつぶすことはなく、かなりの程度まで自治を認めましたが、様々な局面で政治への介入を強めてきました。これに対し王府は表向き服従しながらも、非協力的な対応をすることで抵抗を続けていましたが、その抵抗とはうらはらに、敗戦のショックから琉球の人々はやる気を失い、社会全体に無気力・退廃的な気分が広がっていました。役人は女色におぼれ、遊女に行政をまかせてしまう地方役人すらいたほどです。役人は百姓から不法な税徴収や強制労働を行い、ワイロも横行していたので、百姓は農業をいやがって都市部に逃亡し、耕作者が減って農村は疲弊していました。

大交易時代の栄光は去り、それまでの「交易型」の国家運営もできなくなっていました。借金は年々増加して財政は極度に悪化、国の中心であるはずの首里城が火災で焼失しても、再建できないほどの財政状況でした。そして追いうちをかけたのが対外情勢です。１６４４年、「中華」である超大国の明朝が滅亡し、「夷狄《いてき》（野蛮人）」と考えられていた女真族（清）が政権をにぎるという驚くべき事件が起こります。明清の内乱で一時的に中国への朝貢貿易もできなくなり、事態は混迷の度を深めていました。このように、それまでの価値観は崩れつつあり、琉球の誰もが明日のビジョンを描けずにいたのです。

このままでは琉球は内部から崩壊してしまう。羽地朝秀は危機感を抱いたにちがいありません。１６６６年、羽地は国政の最高ポストである摂政《せっせい》（琉球語で「お世よおわつかい」という）につくと、強力なリーダーシップのもとに琉球の構造改革に着手しました。しかし、いつの時代でも新しい試みにはそれまでのやり方を守ろうとする者からの反対があるようです。羽地の改革も旧来の方法を守ろうとする抵抗勢力の激しい反対のなかですすめられました。

参考文献：高良倉吉「琉球王国の展開」（『岩波講座世界歴史13』）

●羽地朝秀の闘い（2）

羽地朝秀のとった改革の方法は、薩摩支配下の現状をひとまず肯定し、そのなかで琉球の主体性を確保しつつ、従来の王国内部のシステムを大改変するものでした。薩摩藩や日本の幕藩制国家は圧倒的な軍事力を持っており、小国の琉球が同じ軍事力でその支配をくつがえすことはどう考えても不可能でした。頼るべき宗主国の明朝はすでになく、新王朝の清朝に軍事的支援を求めることもしませんでした。わずかな可能性に賭けて琉球を再び戦乱に巻きこむことは、為政者としてできなかったのでしょう（実際、幕府は琉球が清朝と組んで反乱を起こすことを恐れていました）。

当時の琉球にとってもっとも深刻だった問題は、王国の社会システムが機能不全を起こしていることでした。羽地はこの問題の解決に全力をそそぎ、旧来の王国（古琉球）の「伝統」を徹底的に批判して、その変革を進めたのです。古琉球の社会は政治と古来の祭祀が結びつき、〝非合理的〟な伝統で物事が進められる社会でした。王府では聞得大君《きこえおおきみ》をはじめとした神女（ノロ）組織が大きな勢力を持ち、はんざつな祭祀、面倒な贈答や虚礼が日常的に横行し、政治に支障をきたしていました。またそれまでの「交易型」の政治組織も、時代に合わなくなっていました。

このため、まず行われたのは王府組織の再編と人々の意識改革でした。古琉球のヒキ制度を再編し、あいまいだった身分制を厳格化していきます。王府の主導によって編集した系図をもとに、系図を持つ者が士族、持たない者を百姓として区別します。それまで王府と個人的に主従関係を結んでいた家臣は、系図によって身分を継承していく「家」をもとに王府に仕えるようになりました。現在みられる「門中」はこの時に生まれたものです。

身分制の整備にともなって、士族は「文官」のエリート層として、学問だけでなく音楽や芸能などの教養を身につけることが重視されていきます。これはただ趣味として習得を求められたのではなく、日本と中国への外交儀礼上、必要なものでした。沖縄の「伝統」芸能は、この時に基礎がつくられました。

また羽地は、王府組織のなかから「神がかった」祭祀組織や慣習を排除し、合理的・効率的な行政組織の確立をめざしました。首里城の神女組織を政治から遠ざけ、神女の給与も大幅に削減し、非合理的な祭礼も廃止していきます。とくに国家最高の儀礼であった国王の久高島参詣を廃止し、代理を派遣するように改変したのは有名です。これは例えて言えば、日本の大嘗祭を天皇自らが行わず、宮内庁職員に代行させるぐらいの「伝統」の破壊だといえるでしょう。この時に羽地が国王参詣廃止の論理として出したのが「日琉同祖論」です（同祖論については「東郷平八郎と為朝伝説」264頁を参照）。

このような祭礼は多くの経費もかかるため、簡素化・廃止するのは王府の財政再建のためにも必要な作業でした。さらに王府の儀礼だけでなく、村々で行われていた虚礼も次々に禁止していきます。

旧来の価値観であった古琉球の「神がかり」的な観念のかわりに、新たな価値観として登場したのが儒教イデオロギーです。当初、儒教は久米村など一部で受け入れられていたにすぎませんでしたが、羽地の改革以降、琉球社会全体に普及していくことになります。今でこそ儒教は古くさい学問だと思われがちですが、当時としては非常に合理的な思想だったのです。

参考文献：高良倉吉「向象賢の論理」（『新琉球史・近世編（上）』

●羽地朝秀の闘い（3）

王府組織の改変とともに行われたのは経済・財政改革でした。荒廃した農村を立て直すため、羽地は役人の綱紀粛正と公平な税の徴収を行う方針をうち出します。役人の利権構造にメスを入れ、彼らが不法に税を取り立てたり、百姓を使役しないようにチェック体制を強化し、あわせて百姓の負担も軽減しました。

さらに経済改革の柱としてあげられるのが、日本の石高制の導入と連動した土地開墾策です（仕明政策《しあけせいさく》）。それまでの琉球は「地割《じわり》」制と呼ばれた土地の共同保有制度をとっていました。これは百姓の間で〝格差社会〟を生まないための工夫でしたが、羽地はこの方針を大転換し、各人が自ら開墾した土地の私有と自由な売買を認めたのです。これにより士族たちも開墾に乗り出し、土地開発ブームが起こって農地は拡大し、収穫も増加していきます。

さらに開発した土地には稲のほか、サトウキビとウコン（ウッチン）が栽培され、とくに砂糖は、かつて儀間真常がもたらした新製糖法によって、やがて琉球の基幹産業にまで成長します。生産された黒砂糖やウコンは王府によって買い上げられる専売制となり、日本の大坂市場などで売却され、ばく大な利益を生み出しました。現在見られる沖縄のサトウキビ畑の風景、健康食品として知られる沖縄特産のウコンは、ここに源流があります。羽地の経済改革は琉球を「交易型」から「農業型」の国家経営に転換するきっかけとなったのです（しかし、それでも日本と同水準の農業社会にするには無理がありましたが）。

こうして羽地の構造改革は一定の成果をおさめ、国の借金も返済して経済状況も回復します。しかし、旧来の価値観をぶち壊す彼のやり方に不満を持つ「抵抗勢力」も数多く存在していました。その筆頭は国頭按司正則《くにがみあじせいそく》です。羽地自身の言によると国頭は「邪欲の人」で、羽地の失脚を薩摩や琉球で画策していたようです。国頭は、羽地によって排除された聞得大君の夫で、旧勢力の代表ともいえる存在でした。羽地は既得権益を守ろうとする抵抗勢力に対して、彼らの領地を分割して力を削いでいます。

羽地は「私の理解者は琉球には誰もいない。〝北方〟に一人いるだけだ」となげいています。実際には羽地路線を継ぐ「改革派」はいたのですが、この言葉は周りが敵だらけであることに羽地がついもらした弱音だったのではないでしょうか。

〝北方〟の理解者とは、薩摩藩家老の新納又左衛門《にいろまたざえもん》だと考えられています。羽地は摂政になる

羽地朝秀の墓

以前に薩摩に3年滞在して彼と親交を深め、また当時の薩摩藩で行われていた経済改革を目の当たりにしています。琉球での構造改革は、この改革がモデルとなったとみられます。羽地のバックには薩摩藩があったわけですが、決して薩摩の意のままに動くあやつり人形ではありませんでした。薩摩藩の琉球への負担強化に対しては反対もしています。彼の目的はあくまでも琉球という主体をよみがえらせることにあったのです。羽地はこう述べています。「私のやり方に文句があるヤツは相手になろう。王国のためを思うなら、この身は惜しくない」と。彼は決して薩摩のためには働いていないのです。

　羽地がしいた改革路線は、後に現れる大政治家、蔡温によって完成することになります。蔡温は琉球の国家経営について「腐った手綱で馬を走らせるようなものだ」と述べています。小国である琉球がいかに生き残るか。二人の改革者はこの困難な課題に挑んだ偉大な人物といえるでしょう。

参考文献：『那覇市史』通史篇1

落ちこぼれの大政治家

琉球の歴史で最もすぐれた大政治家といえば、蔡温をおいてほかにはないでしょう。彼は18世紀、三司官という大臣職について数々の改革をおこない、「蔡温以後の琉球には三司官が４人いる（三司官のほか、蔡温の教えがある）」と後の世にまで語られるほど大きな影響を与えました。しかしこの蔡温、若い頃は全く勉強ができない落ちこぼれだったのです。

蔡温の家はエリートの家系で、父の蔡鐸《さいたく》は歴史書の『中山世譜《ちゅうざんせいふ》』も編集した有名人でしたが、どういうわけだか息子の蔡温はもの覚えが悪く、16才になっても遊びまわって満足に読み書きができない状態でした。

ところがその年の夏、ある事件が起こります。仲間たちと月見の際、身分の低い家柄の友人と口論となり、彼に「蔡温は家柄がよくても全く勉強ができない。お前は、衣装は立派でも百姓と変わらない」とバカにされ、他の友人も蔡温を笑いものにしたのです。蔡温はその場を逃げ出して一晩中泣きあかしたといいます。

それから彼は人が変わったように勉強しはじめました。その勉強ぶりはすさまじく、20才になる頃はほとんどの書物を読破し、21才に読書の師匠に任じられ、27才には福州琉球館（中国にある琉球大使館）のスタッフに抜てきされるほどの出世をします。バカにされたくやしさから必死に勉強し、ついに友人を見返してやったのです。ですが、この頃の蔡温は自分の力を過信し、「俺は秀才だ」と少々カン違いをしていました。

そんな時、中国で彼はある老人と出会います。老人は彼に「あなたはこの年になるのに何にも学問しておりません。惜しいですな」と言われ、驚いた蔡温は「自分はほとんどの書物を暗記して、詩文も作れる。なぜそのようなことを言う」と反論し、老人と論戦しますが、ことごとく負けてしまいます。そこで蔡温は今まで形だけの学問しかしていなかったことを老人に教えられたわけです。

琉球に帰国した後の蔡温は、もう自分の才能を誇るそれまでの彼ではありませんでした。世に貢献すべく、さらに学問にはげむ彼は30才の若さで後の国王尚敬《しょうけい》の教師に大抜てきされ、そこから琉球の難題に立ち向かい、大政治家と言われるまでに成長をとげていきます。

以上は彼自身の書いた自伝からの話です。偉大な政治家は、実はとても人間味のある人物であったことがわかりますね。

参考文献：蔡温『自叙伝』

儀間真常の尻ぬぐいを蔡温が

琉球史の偉人、儀間真常《ぎましんじょう》。真常はサツマイモを沖縄で普及させ、そのイモはさらに江戸時代の日本にも伝わって多くの人々を飢饉から救うことになりました。彼はそんな偉大な人物なのですが、彼がなしとげた功績が１００年の時を経て思わぬ結果をまねき、その尻ぬぐいを蔡温がするハメになったという事実をご存じでしょうか。

真常はサツマイモを普及させたほかに、琉球の産業振興のためサトウキビの新たな製糖法を導入したことでも有名です。導入以前の琉球にもサトウキビは存在していたようですが、ごく少量でそれを商品化するまでにはいかなかったようです。真常は中国（明）の福建からサトウキビを大量にしぼるための新技術を琉球に持ち込みました。みなさんのなかには沖縄観光の際、琉球村などで牛に引かせてサトウキビをしぼるローラー式の圧搾機《あっさくき》をご覧になった方がいると思いますが、あれこそが真常が琉球に導入した新型ローラー式機械だったのです（現在の圧搾機は真常が導入したものから若干の改良がされてます）。

ローラー式圧搾機はもともとインドで考案され、16世紀後半に中国福建に伝わって改良をほどこされたもので、サトウキビの圧搾効率を飛躍的に高めた革新的な新技術でした。真常は当時のハイテク機械であったローラー式圧搾機と、それにともなう生産システムを琉球に導入して、黒糖の大量生産を可能にしたわけです。新製糖法の確立によって糖業はやがて近世琉球の財政を支える基幹産業となり、琉球産の砂糖は大坂市場にまで輸出されることとなりました。

ところが、すべてが順調にみえた状況から事態は思わぬ方向へとむかいます。黒糖の原料であるサトウキビ畑を増産するために各地で大規模な土地開発ブームが起こり、また木製ローラーの製作と黒糖を煮詰めるための燃料などを大量に必要とした結果、沖縄での森林伐採が進み、それまでの緑豊かな風景は一変して、木材の枯渇という深刻な事態をまねきました。真常の導入した新製糖法は、琉球史上初の「環境問題」を引き起こしたのです。

この環境問題の解決に取り組んだのが蔡温でした。蔡温は「杣山《そまやま》政策」と呼ばれる森林育成の政策を実施して、やみくもに森林資源を消費するやり方を見直したのです。つまり乱暴に言ってしまえば、真常の尻ぬぐいを蔡温がすることになったというわけです。

もちろん環境問題の原因は真常だけにあるわけではなくて、砂糖を増産して外貨を獲得しようとした王府にもあるでしょう。別に真常を責めるつもりはないのですが、良かれと思ってやったことが後に意外な結果をもたらす場合があるということです。われわれが現在していることも時を経てどのような結果をまねくことになるのか……それは歴史の神のみぞ知る、ということでしょうか。

参考文献：沖縄の土木遺産編集委員会編『沖縄の土木遺産』

琉球は薩摩の「奴隷」だったのか？

近世（江戸時代）の琉球王国は薩摩藩の支配下におかれていました。薩摩の琉球支配でよく言われるのは次のような説でしょう。征服者の薩摩藩は琉球王府を形だけ残し、中国との貿易で得られた利益を徹底的に奪い取る一方、琉球を植民地化して人民を奴隷のように扱ったと。薩摩に支配された琉球の悲惨な状況は、明治の琉球処分によって解消されたと伊波普猷によって主張されています。彼の「琉球処分は奴隷解放なり」という言葉は有名です。はたしてこのような説は正しいものなのでしょうか。

実は、伊波が唱えた薩摩支配下の琉球が「奴隷」状態だったという説は、近年の研究では全く否定されています。

まず、琉球には薩摩藩の「植民地総督」はいたのでしょうか。琉球には「在番奉行《ざいばん》」という薩摩役人が派遣されていましたが、スタッフの総数はたったの十数名しかいませんでした。彼らの滞在場所は那覇の港町にほぼ限定され、しかも薩摩藩スタッフは国王との接触を厳しく禁止されていました（政治的な癒着《ゆちゃく》を防ぐため）。彼らの仕事は薩摩への年貢送付の監督やキリシタン禁制など限られたもので、王府の政治に関与する権限は全くありませんでした。つまり、琉球には薩摩藩の出張所程度の機関しかなく、琉球国内の政治は琉球王府が行っていたのです。

もちろん琉球は薩摩藩を無視して自由に動けたわけではありません。薩摩藩は支配に関わる重大事についてはしばしば介入してきましたが、最終的な政策の実行はあくまでも琉球王府の手にゆだねられていました。

それに琉球は薩摩藩の指示に対して「奴隷」のように従っていたわけではありません。例えば、18世紀に薩摩藩が年貢の増額を要求してきた際には、琉球側はねばり強く外交交渉を行い、ついに薩摩藩からの譲歩を引き出しています。この時に琉球が負担軽減の理由として持ち出してきたのが、「中国の清朝と日本の徳川幕府との外交で多額の資金を費やしたのにくわえ、災害などで国内の状況が悪化したから」というものでした。

近世の琉球は中国や日本との外交関係を維持することで成り立っていた国家でした。徳川幕府も琉球やアイヌを従属させることで日本版「小中華」をつくり、自らの権威を高めようとしていました。幕府にとって琉球との外交関係は是非とも維持しなくてはならないものでした。幕藩制国家のもとで琉球支配を担当していた薩摩藩にとっても、琉球の体制が維持できなくなるような重い負担をかけることはできなかったのです。琉球側は薩摩藩が反論しにくい理由をあらかじめ承知していて、この論理を持ち出すことで薩摩藩からの譲歩を引き出すことに成功したのです。ちなみにこの時の琉球の外交を主導していたのは、あの蔡温でした。

また、薩摩藩は琉球が中国貿易で得た利益を一方的に奪い取っていたのでしょうか。たしかに薩摩藩は琉球の中国貿易に深く関わっていました。しかし、薩摩藩は自ら資金を用意してきて、王府貿易に投資するかたちをとっていました。そして、驚くべきことに琉球の中国貿易は、実は大幅な赤字状態でした。王府は砂糖をヤマトに売って儲けた金で損失を補い、何とか貿易を続けていたのです。赤字状態でも貿易を続けざるを得なかったのは、貿易が「朝貢」という、中国への従属関係を確認する儀礼とセットになっていたことと（貿易は本来、朝貢のおまけにすぎません）、王府が家臣たちにボーナスとして個人的に貿易を行う権利を与えなくてはならなかったからです。王府の貿易自体は赤字でも、家臣たちは各自で商売をして利益を得ることができました。

このように琉球は貿易をやめたくてもやめられない事情があったのです。逆に薩摩藩は自分たちの資金を調達するために商人から高利の借金をしていたので、効率の悪い貿易の縮小を望んでいました。

近世の琉球は、たび重なる薩摩藩の要求に対して、「論理」を武器に巧みな外交戦術で自らの国益を確保しようとはかっていました。薩摩藩は琉球を支配下に置いていたものの、その支配には限界があり、琉球を完全にコントロールすることは不可能だったのです。中国の朝貢国であった立場も、薩摩藩が介入できない余地を琉球に与えることになりました。

小国の琉球は自らのポテンシャルを最大限に発揮して大国に立ち向かっていたのです。

参考文献：豊見山和行『琉球王国の外交と王権』
真栄平房昭『琉球における家臣団編成と貿易構造』（『九州近世史研究叢書3』）

ウソつきは外交のはじまり

●鄭成功に襲われる！

1644年、中国の北京が李自成らの反乱軍によって陥落、明朝は滅亡しました。満洲族・清の軍勢が万里の長城を越え、中国は動乱の時代を迎えます。明の遺臣たちは南へ逃れ亡命政権をつくり、明朝復興の機会を狙っていました。

明朝の朝貢国だった琉球もこの動乱に巻きこまれていきます。当初は明に従っていた琉球ですが、すったもんだの末、1653年には清朝の要請に従ってその傘下に入ります。

ところが、これに怒ったのが福建の厦門《アモイ》などを拠点に明朝復興をめざして抵抗運動を続けていた鄭成功《ていせいこう》です。彼は中国では民族英雄として称えられていますが、それは一面で、彼は日本や東南アジアなど海域アジアの各地に拠点を持つ、倭寇王・王直に続く海上勢力の雄でした。

中国へ朝貢に向かう琉球ですが、「裏切り者」の琉球に対し武力行使に出ます。そのときの様子を伝える琉球の政治家・羽地《はねじ》朝秀《ちょうしゅう》のおそらく薩摩側に宛てた文書がありますので、それを見てみましょう。若干、意訳してあります。

琉球は昔より中国へ往来して商売をし、着物や身の回りの道具などにいたるまで（取引が）

続いている状態でしたが、近年（中国が）戦乱になり、国姓爺《こくせんや》（鄭成功）が海賊行為をしたため、通交ができず、万事が不自由になってしまいました。

そのうえ国王の位も中国から授与されています。また8、9年前に韃靼《だったん》（清のこと）へ使者を遣わし、総勢40人ほどになりますが、いまだ帰国していません。このような捨て殺しのような状態になっており、気の毒です。

国姓爺は毎年日本へ船を派遣していると聞いています。それについて私が思いますのは、琉球船が中国へ行く時は、異議なく通過させるように国姓爺陣営へ話せば、（幕府・薩摩の）ご意向に背くことにならないだろうと思います。

「琉球も韃靼陣営へ従っていますが、それは本意ではなく、しかたのない次第です。また大明の時代がやってきたならば、いよいよ以前のように朝貢することもあります」などと言えば、（彼らも）納得することもあるでしょう。何とぞ通交ができるように工面をひとえにお願いいたします。

右の内容は先日、口頭で申し上げましたが、忘れないようにと思い、このように（書面で）申し上げた次第です。


寅（1662年）3月15日　羽地（朝秀）

面白いのは、清に従っている琉球ですが、彼らのことを「韃靼」となかば蔑視して呼んでいることです。当時、清は北方の夷狄《いてき》（野蛮人）ぐらいにしか思われていませんでした。「中華」はあ

鄭成功（平戸市鄭成功記念館蔵）

くまでも漢民族の明朝だったのです。
羽地は明側の鄭成功に対し、今はやむなく従っているのだ、やがて明が優勢になれば再び朝貢するよ、と説得を試みようとしています。清に従っているのはあくまでもポーズだよ、と。羽地の本音は明側を慕っていることを意味するのではなく、要するに琉球は貿易ができれば、どっちでもいいということなのです。小国・琉球のしたたかさが、かいま見えますね。

参考文献：『沖縄県史料　前近代1』

●ウソも外交テクニック!?

薩摩を通じて鄭氏の襲撃をやめさせようと試みた琉球でしたが、その後も襲撃は続いたようです。1670年、鄭成功の子、鄭経による攻撃で琉球船が被害に遭ってしまいます。

これを知った薩摩藩は、幕府へこの事件を報告します。幕府は鄭氏の海賊行為を確認すべく、長崎に入港した鄭氏勢力の貿易船に調査を実施、鄭氏側が琉球船を襲撃した事実を認めました。そこで幕府は制裁として長崎奉行が鄭氏船から賠償金を取り立て、被害相当額を琉球へ支払ったのです。

幕府は琉球を「付属の国」として、オランダへも琉球への海賊行為の禁止を通達しています。

琉球は薩摩藩の支配下に入りましたが、一方で日本の安全保障の傘の下に入ることにもなったのです。琉球は貿易活動を円滑に進めることが国家運営のために大事なことでしたから、利用できるものは何でも利用したといえるでしょう。

琉球は、その後も苦難が続きます。1673年、清に従っていた呉三桂《ごさんけい》らが反旗をひるがえし、再び中国が動乱となったのです（三藩《さんぱん》の乱）。福建の靖南《せいなん》王も呉三桂に乗じて挙兵、福建は反乱軍の手に落ちます。福建を窓口にしていた琉球はモロにその影響を受けることに。当時の情報では靖南王側が優勢と琉球に伝わっていました。

1676年、靖南王は琉球に火薬の原料となる硫黄の供出を求め、琉球はそれに応じ、硫黄を積載した靖南王と琉球の船が福建へ向かいます。琉球は三藩が優勢とみるや、清をあっさりと裏切って、靖南王支援にまわったのです。あの「再び大明の世になれば……」という羽地朝秀のコメントが思い浮かびます。

ところが！　中国情勢は清側が反撃に転じていて、靖南王は降伏。翌1677年に琉球から福建に到着した靖南王の使者は、靖南王の降伏を知ってただちに琉球から渡された靖南王あての手紙と硫黄を捨て、清側には「琉球はわれわれの支援要請に応じませんでしたよ」とウソの供述をします。

同じく福建へ来た琉球は、清に「乱が収まったのでご機嫌うかがいに来ました」とこれまたウソの報告。不審に思う清に「われわれは大清の恩を受けております。どーして靖南王に硫黄なんかを援助するでしょうか。支援要請は来ましたけど、ちゃんと拒否しましたよ。われわれは恩を感じてるからこそ、今回ご機嫌うかがいに来たんですよ⁉」とシレーっと答えます。

いちおう、琉球の弁解は靖南王側の供述とも一致したので、清は琉球を信じて、ギリギリのところで裏切りはバレずに何とかやりすごしたのです。

参考文献：木村直樹「異国船紛争の処理と幕藩制国家」（藤田覚編『十七世紀の日本と東アジア』）
紙屋敦之『幕藩制国家の琉球支配』

●小国琉球の生存戦略

情勢が一変して清が勝利し、三藩側の靖南王を支援していた琉球は窮地に追い込まれましたが、臨機応変にどうにか危機を乗り越えました。どうしてこんなにすばやく対応することができたのでしょうか。

実は琉球は中国への渡航前、2つの文書をあらかじめ準備していました。1つは靖南王へ硫黄を支援する旨を伝える文書、もう1つは清に対してご機嫌をうかがう文書です。琉球は中国情勢が不安定なことから、あらかじめ両陣営へあてた文書を用意し、状況次第でどちらにも対応可能なようにしていたのです。

この2通の文書を用意することについて、対中国外交のブレーンでもある久米村のトップから「それは道理に合わないのでは?」と異論が出されましたが、国王はこの意見を退けて清と靖南王あての文書を準備することを決定しました。結果的に、これが功を奏したのです。

また万が一、硫黄の供出が清にバレた場合でも、供出する硫黄の量を極力少なくしておき、後で「琉球は小国ですから靖南王の圧力に抵抗できず、やむなく出しました。でも最低限しか渡しませんでしたよ」と言い訳できるようにしておいたのです。これらの対応は薩摩側とも綿密に打ち合わせて決められたものでした。このように琉球はいくつもの対応策を講じていたのです。

実はそれ以前にも、中国へ向かう琉球使節は「空道《こうどう》」と呼ばれる国王の印鑑だけが押された白紙を持参していて、中国情勢の変化に合わせて内容を書き換えられるようにしていました。

このような琉球の外交術を「卑怯《ひきょう》な二枚舌外交だ」と言うのは簡単です。しかし「外交とは武器を持たない戦争」とも言われるように、軍事力や経済力では他国に勝てない琉球が、自らの国の生き残りを賭けてあらゆる知恵と方策を駆使し、実際に大国と渡り合っていた事実は、評価されるべきではないかと思います。

もしかしたら琉球の「外交力」は、今の日本の外交にとっても学ぶべき点がいくつかあるのかもしれませんね。

参考文献：真栄平房昭「近世琉球の対中国外交」（『地方史研究』197号）

ターバンが冠に変わる時

琉球の官人が身につける冠といえば「ハチマチ（鉢巻、八巻）」。かつてはインド人のターバンのように長い１枚の布をぐるぐる頭に巻いたものでした（「琉球人のマゲとターバンの話」24頁参照）。このハチマチ、どうしてターバンから冠のように変わってしまったのでしょうか。

この変化は１６００年頃に起こったとされていますが、実は琉球王国の正史『球陽』に、そのあたりの詳しい経緯が記されているので紹介しましょう。

もともとハチマチは約４メートルもの布を頭に八重巻にしたものでした。１６１９年、国王の尚寧が家臣とともに久高島へ向かう途中、突然の大雨にあってしまいます。いわゆるゲリラ豪雨です。皆が巻いていたハチマチの布は雨にぬれてヘロヘロ・ヨレヨレになってしまいました。ところが、ただ一人、頭のハチマチがビシッときまっている者がいます。仲地筑登之《ちくどぅん》名礼という人物です。皆の注目の的ですね。

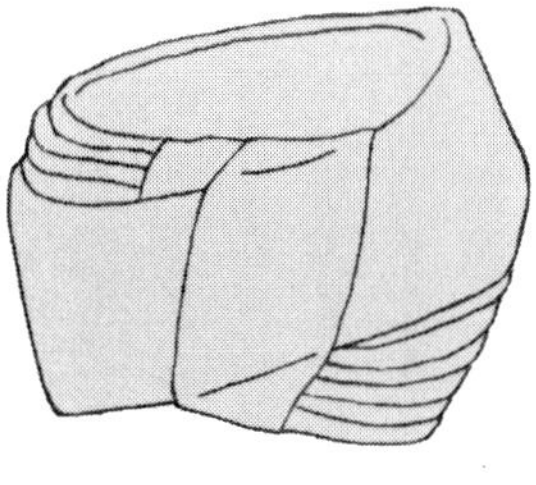

ズブぬれになったヨレヨレハチマチの尚寧王はそれを見て驚きます。聞いてみると、何と彼の巻いたハチマチはフェイクで、実際は木の板を下地にし、そのうえに布を貼り付けてハチマチのように仕立てたものでした。王はいたく感動し、彼を褒賞して、以後は王府官人のハチマチを彼のものにならって改良したといいます。このフェイク・ハチマチは仲地の発明ではなく、湧稲国親雲上《わきなぐにぺーちん》吉治という人物が１６００年頃に考案し、それを仲地がかぶっていたということのようです。

ちなみにハチマチのヒモはこの時にはなく、さらに時代が下って

1791年に中国の冠にならって取り付けられたものです。このように琉球官人のハチマチはいくつかの段階の改良をへて、現在見ることのできるかたちになったことがわかります。

それにしても仲地は自分が発明したわけでもないのに、それをかぶっていただけで王様からお褒めの言葉を頂戴するなんてラッキーでしたね。

参考文献：『球陽』

ハゲたら即引退！　王府の掟

世の男性の悩みといえば薄毛。年齢とともに進行していき、最終的には「サザエさん」の波平さんのようにツルツルにハゲあがってしまいます。今ではさまざまな育毛グッズや育毛治療などが出てきていますが、王国時代の男性も髪の悩みはあったようです。しかし、こうしたやむをえない生理現象に対し、琉球王府には無慈悲な掟を出していました。

「ハゲたら即引退！」

歴史書『球陽』によると、琉球の役人は年齢にかかわらず頭髪がハゲたらただちに隠居し、それまでの自分のもっていた称号「親方」や「親雲上」を名乗らず、着るべき服もすべて改めなくてはいけないという決まりがあったようです。毛髪は病気でもないかぎり突然なくなるわけではありませんから、どの時点かで「あなたはハゲです」という判定をする必要があります。王府にはハゲ判定人がいたということでしょうか（笑）、あるいはカタカシラが結えなくなったら引退、という基準があったのかもしれませんね。

1728年、南風原親方守周《しゅしゅう》という役人は69歳にして頭がハゲてしまいました。しかし王府には「ハゲたら即引退！」というキビシイ掟があります。まだまだ元気で働けるのに、守周さん大ピンチです。

そこで彼は王府に上奏して、「私はハゲましたが常に頭には頭巾をかぶり、国王に拝謁する時は必ずハチマチ（冠）をかぶりますので、どうか出仕させてください」とお願いをします。王府は彼の願いを許可して、今まで通り出仕することができたようです。それ以降、王府ではハゲた役人は頭巾をかぶることになり、このやり方が後世に継承されていったということです。おまけに彼は国王からじきじきに頭巾までもらえたようです。この話は公式の家系記録にも記されています。

いや、守周さんよかったですね。見た目で引退しなくてはいけないなんて、絶対に理不尽です。彼の訴えはたぶん「王府のみなさん、目をさましてください！」という心の叫びだったんだと思います。

参考文献：『球陽』、『阿姓家譜（照屋家）』

天皇と琉球

琉球が徳川将軍に使節を派遣したことは周知の通りですが、それでは江戸時代の琉球は天皇とどのように関わっていたのでしょうか。江戸時代の外交権は徳川将軍が「日本国大君」として掌握していて、天皇が外交使節と対面することはまずありませんでした。それに薩摩藩の支配下にあったとはいえ、琉球には国王がいて独自の国家を形成していたので、天皇とほとんど無縁の地域でした。琉球の人々にとって崇めるべき存在は琉球国王であり、そして中国皇帝であったのです。

しかし、琉球と天皇は全くの無関係だったのではありません。実は、琉球の使節はたった一度だけ天皇と対面しています。1626年（寛永3）、後水尾天皇が京都の二条城に行幸した際、島津氏の命令によって琉球から金武王子と楽童子《がくどうじ》（芸能を披露する美少年）らが二条城に送られて、天皇や公家衆、将軍家光の前で舞踊や音楽を演奏しています。

琉球使節の「来朝」が、天皇家を凌駕し日本国内で権力を確立しつつあった将軍にとって、天皇の前で異国を従えていることを示す政治パフォーマンスとなったのです。この時が、江戸時代で琉球使節が天皇と対面した最初で最後です。

そして、おそらく琉球の人々が何となく天皇の存在を感じることのできた機会が「鳴物停止《なりものちょうじ》令」でしょう。鳴物停止とは身分の高い人間の死去に際して音楽や歌や舞いなどを一定期間、禁止して喪に服することです。例えば天皇や上皇、徳川将軍が死去した後、日本全国で半月とか1ヵ月間、鳴物や建築工事、殺生などが禁止されています。この禁止令が、薩摩藩の支配下にあった琉球にまで適用されていたのです。

琉球では薩摩藩主の死去にもこの「鳴物停止」が行われていたので、同じように禁止令が出された天皇・将軍を「薩摩の殿さまと同じようにエライ人」と実感していたことでしょう。しかし何度か会って服属儀礼をとる機会のあった将軍に比べ、ほとんど接する機会のなかった天皇は琉球の人々にとって不思議な存在だったかもしれませんね。

参考文献：上原兼善『幕藩制形成期の琉球支配』
真栄平房昭「近世日本の境界領域」（菊池勇夫・真栄平房昭編『近世地域史フォーラム1　列島史の南と北』）

将軍と皇帝に会った琉球人

近世（江戸時代）の琉球は中国（清朝）の朝貢国でありながら日本の幕藩制国家にも従属する国

家で、中国と日本に使節をそれぞれ派遣していました。中国へは北京の皇帝のもとへ朝貢使節を派遣していたことはよく知られています。一方、日本へは江戸の徳川将軍と薩摩藩の島津氏のもとへ不定期ですが使者を派遣して服属の儀礼を行っていました。いわゆる「江戸上り」と「中城王子上国《じょうこく》」です。

　このような歴史的な性格から、琉球では当時の東アジアでも珍しい体験をする人物が登場します。その一人を紹介しましょう。

今帰仁グスクにある「山北今帰仁城監守来歴碑記」（1749年建立）。この碑文の文字は毛維基が書いた

　彼の名は毛維基《もういき》（城田親方）。久米村の毛氏5世で、元祖は17世紀に中国から渡来した華人です。維基は久米村行政のトップ（総役）の地位についたエリートで、書道や芸能にも通じていました。彼は何と、中国皇帝・徳川将軍・琉球国王という3カ国の「元首」に会ったことのある人物なのです。

　1752年、国王尚穆《しょうぼく》の即位が承認されたお礼として琉球から使節団が江戸へ向かいます。この時、維基は音楽や舞踊を指導する監督官（楽師）として江戸へ同行しています。使節団は薩摩から大坂を経由して、江戸城で将軍・徳川家重（吉宗の長男）に謁見。将軍の前では維基が指導した琉球音楽を披露して、彼は将軍から白銀を与えられました。

　また維基は福建の琉球館（いわば大使館）に駐在するスタッフ

として中国へも行っています。彼が属する久米村は中国系の渡来者を中心とした士族のグループで、中国への外交文書作成や通訳、そして琉球国内において儒教教育などを担当する役職に多くの人が従事していました。そして1769年、彼は朝貢使節のナンバー2（副使）として北京へ向かい、紫禁城の午門《ごもん》で乾隆帝《けんりゅうてい》に会い、その顔を見ています。乾隆帝といえば中国史上最大の領土を有した清朝最盛期の皇帝。彼に直接対面した維基は「これは千年に1度あるかのめぐり会いで、家門の栄光である！」と感激しています（日本の将軍と会った時にはコメントなしでしたが……）。

当時は身分制社会で、そこらにいる普通の人間が支配者の顔を見るなど滅多にありません。また江戸時代の「鎖国」政策に代表されるように、自由に国や地域を移動できない状況でした。そのようななか、一人の人間が3カ国の「元首」に直接会ってその顔を見ることは異例中の異例です。当時の日本では中国皇帝の顔を見た人間などまず、いません。もちろん中国で徳川将軍の顔を見た人も。

維基がなぜこのような珍しい体験ができたかというと、先に述べたように、近世の琉球王国が日本と中国との外交関係を維持して成り立っていたことと関係しています。

琉球では外交や交易の仕事をすること（旅役といいます）が大きな功績としてカウントされ、多くの琉球人が海外へ出向いていきました。毛維基のような国際体験をすることは、当時の琉球の人々にとって決してありえないことではなかったのです。

参考文献：渡辺美季「毛維基の生涯―「山北今帰仁城監守来歴碑記」の文字を書いた人物―」（『今帰仁グスク』創刊号）

儀間真常と袋中上人

儀間真常《ぎましんじょう》は言わずと知れた琉球史上の偉人。サツマイモやサトウキビ栽培を普及させ、やがてイモは江戸時代の日本にも渡り、多くの人々を飢えから救うきっかけをつくった人物です。彼が生きていた時代、ヤマトから一人の僧侶が琉球を訪れます。それが浄土僧の袋中良定《たいちゅうりょうてい》です。袋中は那覇の久米村近くに桂林寺というお寺を建て、そこに滞在します。彼は琉球で布教活動を行い、尚寧王をはじめとした多くの人々が帰依しました。また袋中が伝えた浄土宗は踊り念仏を定着させ、やがてエイサーへと発展するきっかけを作ったとされているのは有名な話ですね。

儀間真常もまた袋中の教えに帰依し、熱心な信者となったと言われています。それを示す証拠が、実は戦前まで那覇垣花の儀間村に残されていました。この村は真常の出身地です。

1936年（昭和11）、袋中開山の檀王法林寺《だんのうほうりんじ》の住職、信ヶ原《しがはら》良文氏が垣花を訪問した際、住吉町の又吉さん宅（麻氏の家系）に袋中直筆の書を見つけます。状態は悪くすすけてはいましたが、中央に「南無阿弥陀仏」と書かれており、右側には「授了徳公」、左側には「弁蓮社良定（花押）」と記されていました。「徳公」は儀間真常の号です。「授了」は「授けた」という意味。真常が袋中の帰依者で、直筆の書をたまわったことがわかります。ここには「授了徳公大禅門神位」と刻

授了徳公

南無阿弥陀佛

弁蓮社良定（花押）

袋中筆の書の推定図

まれた真常の位牌もあったそうです。

なお『麻姓家譜』には真常を「授了と号す」と書いてありますが、この袋中書を見て、「授了」のほうを名前だと勘違いして載せてしまったのではないでしょうか。それは位牌の名前がこの書の文をそのまま丸写ししていることからもうかがえます。

また袋中の遺品として数珠もありましたが、108個あるはずの数珠の玉はほとんど失われていました。病気が流行った時、身を守るまじないとして1個ずつ人々に分け与えたことからこのような状態になったとのこと。袋中の遺品がある種のパワーを持つと考えられ、沖縄の人々の信仰を集めていたことがわかります。

これらの品々は残念ながら先の沖縄戦で失われてしまいましたが、戦前の貴重な調査の記録によって、その存在を知ることができるのは幸いです。袋中の弟子となった真常は、もしかしたら「極楽浄土」の実現のため、多くの人々を救う手段としてサツマイモの普及に励んだのかもしれません。

参考文献：信ヶ原良文『袋中上人―生い立ちとその行跡―』、『麻姓家譜』

赤瓦の生まれたワケ

沖縄の代表的な伝統建築といえば赤瓦ぶきの木造建物です。屋根にはシーサーがあり、屋敷の周りは琉球石灰岩の石垣、あるいはフクギでおおわれている光景を多くの人は想像するでしょう。首里城も復元され、「琉球的」な雰囲気を出すため現代建築でも赤瓦が多用されています。

この赤瓦、王国時代の昔より連綿と使われ続けたように考えられています。しかし時代をさかのぼっていくと、そうではありません。琉球「伝統」の瓦は、実は灰色の瓦でした。赤瓦が登場したのは、沖縄の歴史のなかでも比較的新しい時期の18世紀頃。住宅需要の増加により、低コストで大量生産するために生まれたものだったのです。

琉球の古い瓦は14～15世紀頃の高麗（朝鮮半島）系・ヤマト系の灰色瓦で、やや遅れて明朝（中国）系の灰色瓦も登場します。しかも瓦ぶきの建物は珍しく、高麗・ヤマト系灰色瓦はほとんど首里城とその周辺・浦添グスク・勝連グスクの3ヵ所からしか出てきません（全出土量の97パーセントがこれらに集中）。その他の建物は茅ぶきか板ぶきだったようです。また記録によると、15世紀の久米村（中国人居留地）の建物は瓦ぶき、内部の壁は彩色された豪華なものだったといいます。グスクだけでなく交易で栄える港町の那覇にも、富裕層らが瓦ぶきの住まいをかまえていたわけ

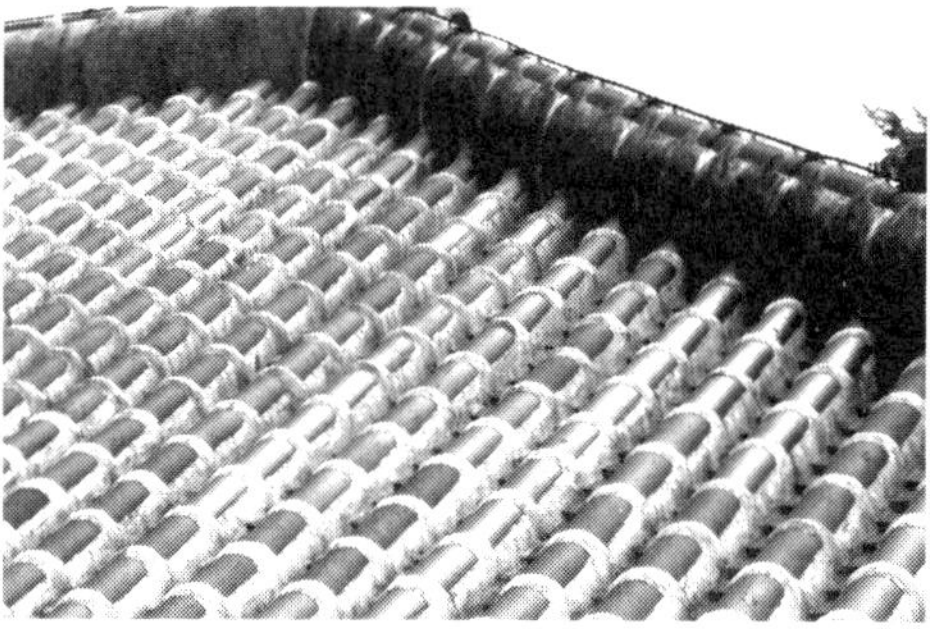

喜名番所の灰色瓦。出土した遺物をもとに復元された

です。

面白いことに、首里城からは赤瓦を鉱物（マンガン）で黒く塗った瓦が見つかります。どうやら赤瓦が登場した当初は、沖縄の人々は「瓦は黒いものだ」という先入観があって、赤瓦をわざと黒く塗って灰色瓦にしていたようです。やがて赤瓦が普及していくなかで黒い赤瓦（?）はなくなっていきますが、それにはコスト面とは別の理由があるようです。

赤瓦のアジアでの分布図を見てみると、ある特徴がわかります。上原靜氏（沖国大教授）によると、赤瓦は沖縄のほか中国南部や東南アジア地域にも広がっていて、中国の北部や朝鮮半島、日本などの地域は灰色瓦だそうです。世界的に見ても赤瓦を採用するのは大半が熱帯地域です。

これは赤瓦が灰色瓦よりも日光の熱の吸収率が低く、強い日差しの熱をうまく避けるための生活上の工夫だと考えられます。また熱帯では太陽から赤色光線が多く届いて赤がより美しく映え、さらに熱帯地域の人々は赤色系の視細胞が発達し、赤色を美しく感じるそうです。

つまり赤瓦は沖縄の自然環境や人々の感性にもっとも合っていて、その良さに沖縄の人々が気づき、広まったということなのかもしれません。

参考文献：上原靜「琉球王国における瓦窯生産の画期と展開」（『南島文化』29号）

沖縄で豚をよく食べるのはなぜ？

代表的な沖縄料理の食材に豚肉があります。豚肉なしでは成り立たないほど沖縄料理に定着しているこの食文化、いつ頃からはじまったものなのでしょうか。

実は、豚肉はもともと沖縄の食文化ではメインの食材ではありませんでした。かつての沖縄でもっともよく好まれ、食べられていた肉は……なんと牛肉！かつて琉球料理の代表的な食材といえば豚肉（ポーク）ではなく、牛肉（ビーフ）だったのです。

沖縄は本土とはちがい、肉食をタブーとする文化は育ちませんでしたから、豚や牛だけでなく、山羊や馬、イノシシやジュゴンまで食べていました。その肉のなかでも牛肉は最上級の食材として位置付けられ、村々では冠婚葬祭にごちそうとして出されていただけでなく、牛皮も貢納品として王府に納められていました。この「伝統的」な琉球牛肉料理は、ある時期をさかいにほとんど無くなり、かわって豚肉メインの料理へと変わっていきます。それはなぜか。実はこの変化は、沖縄の歴史的な展開と密接に関わっていました。

牛は食用のみの目的で飼育されていたのではなく、田畑を耕す農耕用としても使われていました。近世（江戸時代）に入り、羽地朝秀の改革が行われてから、行事の際に牛をつぶして食べることが一切禁止されてしまいます。王府の農業振興策で農耕に役立つ牛が食べれなくなったのです。

さらに豚肉食が普及した直接の原因が、中国の使節団（冊封使節）が滞在する際の食料調達にあります。琉球に滞在する中国人たちの食料には大量の豚肉が必要でした。使節団は総勢400人あまり、長い時には250日間も沖縄に滞在しました。彼らの食料として、一日に20頭の豚を消費したといいます。250日間では何と5000頭です。

琉球ではこのぼう大な数の豚を調達することができず、奄美地域から緊急輸入して何とかやりくりしているような状態でした。そこで1713年、王府は中国使節団の来琉に備えて豚の増産に乗り出し、各地の村々に豚の飼育を強制的に行なわせたのです。同時期に沖縄各地に飼料として使えるサツマイモが普及したことも、豚の飼育を加速させる助けとなったようです。

こうして琉球の各地に豚の飼育が広まり、現在にいたる沖縄の豚肉料理が定着することになります。沖縄で豚肉をよく食べる習慣は自然発生的に生まれたのではなく、近世琉球の改革の過程で「上」から強制的に導入されたものだったのです。

とはいえ、琉球の庶民たちは豚肉をとても気に入ったようで、年に数度の楽しみであった豚肉が王府の養豚の制限で食べれなくなった時、「豚肉を食わせろ！」と各地の百姓5000人が抗議のために畑仕事を止めるストライキを行なったといいます。きっかけはどうであれ、豚肉は沖縄になくてはならない食材となっていったわけですね。

参考文献：金城須美子「沖縄の食文化──料理文化の特徴と系譜」（比嘉政夫編『環中国海の民俗と文化1』）

激烈！　琉球の受験事情

王国時代には「科」という試験がありましたが、受験事情はどのようなものになっていたのでしょうか。

この試験は1次と2次からなっていて、各試験につき1問ずつ出題されます。内容は道徳問題と時事問題からなっていました。「科」は王国の士族全員が受験したのではなく、比較的身分の低い士族たちが対象でした。当時の社会は当然のことながら身分制の社会。下級士族がいくら努力したところで三司官（大臣）になれるわけではありませんでしたが、それ相応の地位まで昇ることは可能でした。

近世の琉球王国の学校制度は次のようになっています。

学校は都市部の首里・那覇に限定されていました。これは士族の住む場所が基本的に都市部に限定されていたからです。初等教育は村学校（今の小学校から中学校に相当）で行われ、次に平《ひら》等学校（今の高校に相当）に進学。平等とは首里の行政区画のことで、首里の三つの平等にそれぞれ置かれました。那覇では村学校が初等部と中等部に分かれて一貫教育を行っていました。

平等学校を卒業すると、ここから身分ごとに分かれていきます。身分の高い家の者と、推薦さ

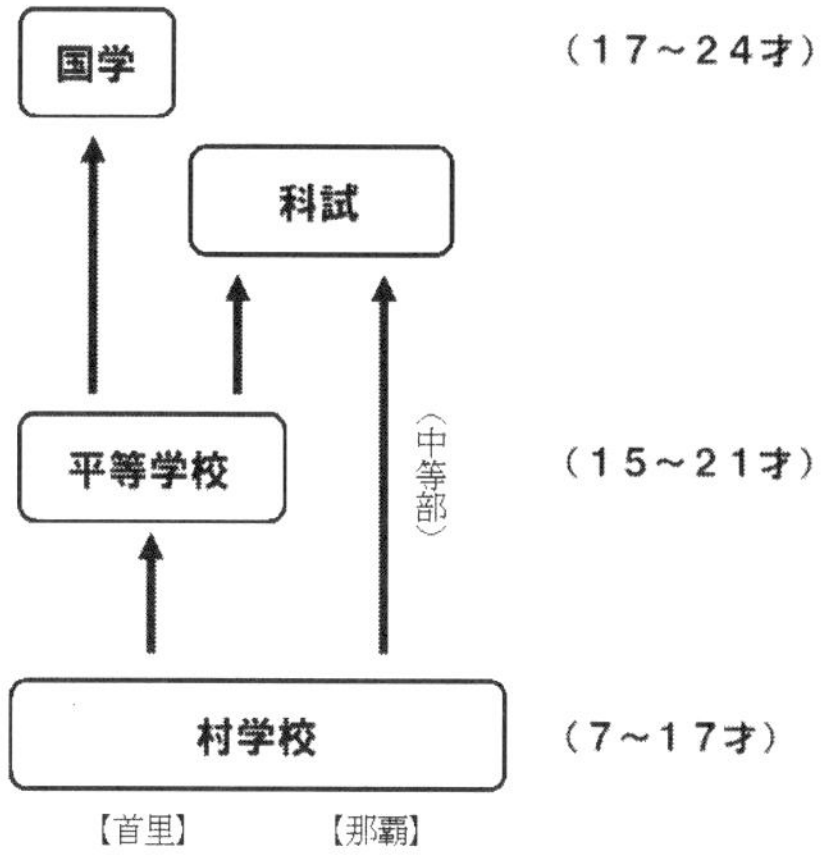

れた一部の一般士族は最高学府の国学（今の大学に相当）に進学して徹底したエリート教育を受け、キャリア官僚のコースに進んでいきます。その他の平等学校の生徒はそのまま王府の一般職に就くことができますが、一方で「科」を受験して出世する道も残されていました。そのため多くの一般士族たちは「科」に合格すべく猛烈な勉学に励んだのです。「科」には様々なものがあったようですが、圧倒的に人気があったのは文筆科。合格すれば評定所（今でいう内閣）の書記官になり、さらに出世の階段を昇ることができました。

この「科」ですが、文筆科の合格倍率は何と最高600倍！　現代の東大入試や国家1種試験、司法試験より高い倍率です。それに受験する資格は、毎月行われる平等学校の模試で40番以内に入った者だけ。学校での普段の成績が良くなければ受験すら許されなかったのです。受験者も現役生だけでなく、王府の一般職で働きながら入試に挑戦する浪人生もたくさんいました。なかには39才でようやく合格した人もいます。

しかし、試験に合格したからといっても安泰ではありませんでした。王府の仕事はポイント制になっていて、働き続けて功績ポイントを貯めないと高い身分の士族でも次第にランクを落とされてしまいました。親がエライからといって遊んでいると、ついにはヒラ士族になってしまうの

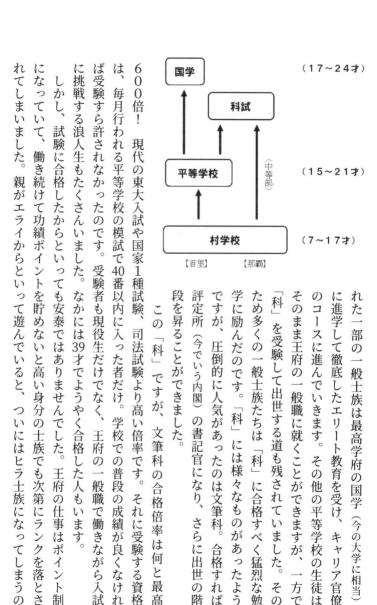

です。

このように琉球王国では徹底した学問への取り組みが行われていました。彼ら琉球王国の受験生が現代沖縄にタイムスリップしてきて勉強すれば、もしかしたら沖縄県内から東大現役合格生を毎年50名出すぐらいの力を発揮したかもしれませんね。

かつての琉球王国はただ何となく存在していたのではなく、彼らのような王国士族たちの血のにじむような努力によって支えられていたのです。さて、現代の沖縄にはこの「伝統」は受け継がれているのでしょうか……。

参考文献：田名真之「平等学校所と科試」（高良倉吉・豊見山和行・真栄平房昭編『新しい琉球史像』）

琉球王朝の女官たち　～首里城大奥の世界～

沖縄社会では女性が強いとよくいわれます。沖縄では古来より女性が親族の男性を霊的に守護するという「オナリ神信仰」があって、琉球王府のなかでも神女組織をはじめとした女性たちが大きな力を持っていました。この神女組織とならんで王府内の一大勢力であった女性たちの集団が、首里城の大奥、御内原の女官たちです。

御内原の女官たちは大勢頭部《おおせどべ》と呼ばれる三人の女官長たちを中心に、国王や王妃・側室らの身のまわりの世話、王への取り次ぎなど「裏の世界」一切をとりしきっていました。大勢頭部は琉球の大臣、三司官と同ランクであったといいます。この女官たちは羽地朝秀の改革で力をそがれましたが、なお王府内で隠然たる勢力を持っていたようです。

この女官組織の末端にいたのが、「御城女性、城人《グシクンチュ》」と呼ばれる女性たちです。彼女らは「あねべ」「あがま」という下級の女官となり、御内原での雑用のほか大台所での調理を担当していました。意外なことに彼女らは身分の高い士族ではなく、首里周辺の農村から選ばれた普通の女性でした。彼女らは一定の期間首里城へ勤めて、やがて故郷の農村に帰っていきました。その後はまた元通り、普通の女性として一生を送ったのです。彼女たちは華やかな首里城での思い出話を家族や友人、村の人々に語ったことでしょう。絶対的な権力者の住む首里城は、実は一般庶民にとって身近な存在だったのです。

しかし彼女らのなかには、貧しい家庭ゆえに女官となった者もいました。女官になると王府より故郷の家族へ「身代米《みのしろまい》」が支給されたのです。例えば王国末期の女官、「我謝あねべ」と「玉那覇あねべ」もそのような経緯で女官になった女性たちでした。我謝あねべは西原間切・我謝村の農民「かめ宮平」の妹でした。一家や親類は年貢も払えない貧困の状態で、「身代米」と引き換えに首里城へ奉公することになったのです。玉那覇あねべは南風原間切・津嘉山村の出身で、父親が寝たきりの貧しい家庭でした。この頃の琉球は天災などで農村が荒廃し、彼女らのような貧しい家庭は決して珍しくありませんでした。

彼女たちは首里城の大台所で働いていましたが、ある日、会計帳簿をチェックしていた役人が手続き上のミスを見つけます。女官たちへの給与が実際の勤務よりも多く支払われていたのです。これは会計責任者の過失だったわけですが、ここから我謝あねべ・玉那覇あねべがミスによる超過分の給与を黙って着服していた事実が発覚したのです。公務員のカラ勤務による給与の不正受給といったところでしょうか。

王府はただちに彼女らをクビにしたのですが、故郷の家族らに支払った「身代米」の返還も要求します。しかし、もともと貧しい家族に返すあてはありません。彼女らの家族・兄弟は身売りをし、家財道具を売り払い、借金までして「身代米」の返還を王府に迫られたのです。我謝・玉那覇あねべの不正は一家離散状態、さらなる借金地獄という悲惨な結果を招いてしまったようです。

首里城の御内原

もしかしたら彼女たちは故郷の貧しい家庭を少しでも助けるために、悪いこととは知りながら着服していたのかもしれません。首里城での勤めを終えてたくさんの報酬を故郷へ持ち帰り、両親や家族の喜ぶ顔が見たかっただけなのではないでしょうか。それがこんな悲しい結末になってしまうとは……何ともやりきれません。

彼女たちは悪くないんです。そうです、みんな貧乏が悪いんです。琉球でもっとも華麗だった大奥（御内原）の世界……その影には庶民女性たちの悲しい物語も存在していたわけですね。

参考文献：真栄平房敬「琉球の王権と女性—大勢頭部・阿母志良礼を中心にして—」（『球陽論叢』）
真栄平房昭「首里城の女たち〜大台所で働く「あねべ」たち〜」（『首里城研究』8号）

超豪華！　王様の日常食

沖縄にはかつて約５００年続いた「琉球王国」という独立国があり、その頂点には国王が君臨していました。首里城にいたこの王様、普段はいったいどんなものを食べていたのでしょうか。

実は、最後の国王の尚泰王が日常的に食べていた料理の献立（朝・昼・晩の3食分）が今でも残されています。この献立は１８７２年（明治5）に書かれたもので、首里城の料理長の家に伝わった献立を筆写したもののようです（池宮正治「伝・尚泰王の御献立」）。では一例として、王様の夕食を紹介してみましょう。

◎貝柱、おろし合わせ、す海苔

◎むか子、花ぶし（カラスザンショウ?）の汁

◎香の物（守口大根、かくあい）
◎引き味噌、鰆《さわら》、甘露シイタケ、てがら蓮
◎鯒《こち》、ちくわ昆布
◎五目凍《し》み豆腐
◎焼き物（生鮭の塩蒸し）
◎あわびの塩蒸し、タマゴ焼き、蒲焼き
◎茶碗蒸し
◎ご飯

（一汁五菜）

※す海苔……水辺の海苔。
むか子……山芋の葉の付け根にできる芽。
てがら蓮……Y字形の蓮根か？

さすが王様だけあって非常に豪華な夕食ですね。ただ意外なことに、現在知られている沖縄料理はこのメニューには見られません。実は王国時代は和食がけっこう食べられていて、料理人は薩摩（鹿児島県）へ料理修行に行ったりしています。このように王族や士族階級は、味くーたーな料理ではなく、あっさり・薄味のものを食べていたのです。

またこのメニューで注目されるのは、沖縄産ではない食材（生鮭など）がみられることです。

献立は沖縄にある食材を考慮したものではなく、一種のマニュアルのようなものであったとされています。

ただ僕は、食材は完全に架空のものではなく、王さまが本当に食べた可能性もあるのではないかと考えています。その理由は、王様が琉球で一番えらい人間であること、そしてこの献立が記された時代が明治であることです。

実は幕末に開国した日本では、蒸気船によってアメリカ・ボストンの天然氷が運ばれ、食品冷蔵などに利用されていました。しかし非常に高価なため、明治4年には函館の氷が商品化され一般に、広く流通していました（『函館市史』）。つまり、蒸気船によって本土から沖縄へ生鮮食料品を冷蔵輸送することは可能だったのです。

そして王様は、琉球で一番良いものを食べることができる人物。最高級の食材をわざわざ本土から輸入して食べることも不可能ではありません。もちろんこれを裏づけるにはさらに調査が必要ですが、もしこれが本当だったら、王様はとてもゼイタクな食事をしていたということですね。

参考文献：池宮正治「伝・尚泰王の御献立」（『首里城研究』6号）
『函館市史』

王様のウンコ発見⁉

琉球王国の中心で王様の宮殿だった首里城には、その生活の跡がしっかりと残されています。王様が住んでいた場所は正殿の裏にある御内原という場所。いわば大奥です。ここには王様や王妃様、そしてその世話をする女官たちが暮らしていました。

実はこの御内原にある淑順門という通用門の裏から、最近の調査で地下から奇妙な遺構が見つかりました。円形の石組みの井戸のようなかたちなのですが、その中に詰まっていた土がおかしいのです。しまりのない腐葉土のような黒い色の土で、その土にはたくさんの動物の骨がふくまれていたのです。さらにこの土は上から何度もかき出したような跡も確認されました。つまり内部にたまったモノを何度も外に捨てていたのです。水がたまっていた様子はなく、これは井戸ではなくゴミ捨て場ではないかとの結論に達しました。

そして内部の土をさらにくわしく分析したところ、なんと、化石化した人のウンコ（糞石といいます）が発見されました。つまりここは……ウンコ捨て場だったのです！　しかもここは王さまの住まい。もしかしたらあの化石化した「モノ」は、王様の「やんごとなき落し物」の可能性もあります。少なくとも御内原に住んでいる人間、王様とその家族、女官たちのいずれかのモノであることはまちがいないでしょう。このウンコがたっぷり詰まった穴はトイレそのものではなく、どうやら「おまる」で用を足したモノを捨てる場所だったようです。意外なことに首里城にはトイレらしきトイレが見つかっていません。史料には「糞箱」や「小便筒」などがあったようですから、それで用を足していたようです。

実はウンコがきちんと「完全形」で残っている例は珍しく、分析をすれば何を食べていたのか、健康状態なども知ることができる貴重なモノです。発見場所は石組みで密閉され、さらに上からは粘土がフタの役割をはたしていたので、よい状態で残っていたのです。ちなみにウンコの解析の結果、回虫や鞭虫などの寄生虫の卵がたくさん見つかりました。当時は衛生状態も今ほど良くなかったのでしょうがないですね。

首里城シーリ遺構（沖縄県立埋蔵文化センター提供）

そのほか、土からはイヌやシカ、ネズミ、ニワトリやカモ、ヘビの骨、貝殻も見つかっています。とくにイヌやシカの骨には刃物の傷が残っていて、食べるために解体していたこともわかりました。王様の好物はイヌだった!?　どのように食べていたかは謎ですが、シカに関しては中国の冊封使の接待料理のメニューにも見えているので、おそらく王様も食べたことでしょう。

この穴が使われていた時代もだいたい判明しています。17世紀前半、つまり尚寧王の頃から、１７０９年に首里城が焼けてこの穴が廃棄されるまでの期間だろうとみられています。それにしても、まさか王様も数百年後に自分たちのウンコを見られるなんて想像もしていなかったでしょう。読者に伝えてしまってすいません、王様（笑）。

参考文献：仲座久宜「シーリ遺構から見る御内原のくらし」（『紀要沖縄埋文研究』6号）

首里城内でやってはいけないコト

首里城は国王の住む宮殿という性格とともに、王国の行政機関でもありました。毎日役人たちがここに通勤してさまざまな業務をこなしていたわけです。城内の中枢は、首里城の御庭《うなー》と呼ばれる場所で、正殿と北殿・南殿、そして奉神門という4つの建物で囲われた閉鎖空間があり、そこで王の即位式（冊封の儀式）や年中行事など王国の重要儀礼がおこなわれました。当然、神聖な場所なので、好き勝手なふるまいはできません。それではどのような決まりがあったのかみていきましょう。

・首里城内で日傘を開く、杖を使う、ゲタや革製の靴を履くことは禁止。頭巾をかぶることも禁止。ただし台風の時は許す。

・御庭を歩く際、扇子をあおぎ、お供の者に傘をさせるのは禁止。雨具や蓑《みの》・笠の着用も禁止。ただし台風の時は許す。
・公務でもないのに走ったり、大声を出すのは禁止。
・正殿の基壇《きだん》の上で履《は》き物を履くのは禁止。要するにハダシで歩くこと。
・公務でもないのに御庭の南北を横断するのは禁止（中央の浮道《うきみち》をまたいで歩いてはいけない）。
・番所の真ん中を入るのは禁止。
・南殿・番所・北殿・奉神門上の基壇を往来するのは禁止。
・公務で明かりを持って正殿に入る時は1階でその明かりを消し、退出する時に当番の役人に報告して明かりをつけること。
・みにくい物、粗末な物を持って御庭を歩いてはいけない。やむをえず歩く場合は、奉神門下から南殿の下を歩くこと。食料品を持って入城する際は、裏の継世門《けいせいもん》を通ること。

いろいろ細かい規定ですね。これらの禁止事項は1771年、正殿と北殿部分をつないでいた西廊下（現在の正殿出口付近）に板書きで掲示されたそうです。

現在、公園となっている首里城では毎日たくさんの観光客が正殿前の御庭にやってきます。日傘をさし帽子をかぶり、浮道を走ったり大声を出したり、記念撮影をしている様子を王国時代の役人が見たら、卒倒するかもしれませんね（笑）。

参考文献：『球陽』

暗闇の巡回人

首里城に関して、琉球王国時代には奇妙なしきたりが存在していました。かつての首里城は深夜になれば明かりをともすことが禁止されていました。『球陽』には、こう記されていました。

禁城（首里城）、夜深に入れば、火灯を禁ず。

つまり、夜中の首里城は明かりがまったくない真っ暗闇だったというわけです。
そういうわけで城内を警備する役人は、明かりもなく真っ暗闇で巡回していました。漆黒の闇の城を巡ったところで、はたして警備の役目が果たせたのでしょうか？　担当の役人たちは相当苦労したことでしょう。手探りで首里城内をウロウロしていたのではないでしょうか。こうした城内の明かりを禁ずる決まりは、火事を防止する意味もあったか、あるいは宗教的な意味があったかもしれません。
こうした意味不明の決まりに対して、尚敬王は、巡回人が暗闇で毒蛇のハブに襲われることを心配し、１７３７年、深夜の警備に明かりを持って城内を巡回することを許可し、以後は長くこ

れを例としたということです。ということは、それまで深夜の巡回人がハブに咬まれる事件が続出していたということでしょう。朝になればハブに咬まれた役人たちがよくそこらに転がっていたのかもしれません（汗）。

今ではまったく考えられませんが、かつての首里城は意外にもハブが出る危険な場所でした。首里城西端のアザナ（物見台）は時報のための鐘がすえ付けられていたのですが、それを鳴らすためには、うっそうとした密林を抜けなくてはいけません。時報を知らせる役人は、夕方や雨の日にこの密林でハブに咬まれる被害が多発していたそうです。そこで１７３６年、革でつくられたブーツを支給してハブから脚を守ったとのこと。

首里城内を巡回する役人の最大の脅威は、侵入者や賊などではなく、ハブだったというわけですね。

参考文献：『球陽』、真栄平房敬『首里城物語』

薩摩役人もつらいよ

●黒田藤十郎の訴え

1609年、琉球は薩摩軍に征服されました。以後、日本の徳川幕藩制国家に組み込まれ、薩摩藩に従属することになります。これまで薩摩支配下の琉球は王国のかたちは残されたものの「奴隷状態」に置かれ、いじめられてきた時代と考えられてきました。琉球には薩摩の植民地総督のような人たちがいて、庶民たちを苦しめる横暴な支配をおこなっていたのでしょうか。

では、琉球にいた薩摩役人を具体的に紹介しましょう。彼の名前は黒田藤十郎《とうじゅうろう》。在番奉行という薩摩藩の琉球滞在スタッフのひとり、附役《つけやく》という役人でした。在番奉行所（御仮屋《おかりや》）は今の那覇市の東町にあり、彼らはそこに駐在していました。1856年1月、黒田は琉球王府にある訴えをします。

「2年前、那覇に住む女性のマゴゼイ（真呉勢）に代金後払いの約束で米・大豆・カツオブシを売ったが、まだ代金をもらっていない。催促しても全然払う様子がない。その総額は5000貫文（現在価値でだいたい476万円）である。どうにかしてくれ！」

実は黒田の被害はこれだけではありませんでした。彼は真呉勢らを保証人にして、首里に住む大城と島袋の二人に証文をとって種子油を貸し付けていましたが、これもさっぱり戻ってきません。その代金は、利子ふくめ1万8363貫文（現代価値で1748万円）にもおよびます。黒田は大城・島袋に「早く返せ！」と催促しにいきますが、証文を書いたにもかかわらず、二人は「は？あなたから借りた覚えはありませんが」としらばっくれる始末。らちが明かないので保証人の真呉勢に代金を請求したのですが、これまた払ってくれないので、黒田は王府へ訴えたのです。

琉球に君臨する「支配者」であるはずの薩摩役人は、琉球人から商品の代金を払ってもらえないばかりか、自分たちで彼らを罰することはできず、王府にその対処をお願いする事態になっていたのです。そして一連の事件からわかるのは、琉球国内での処罰は王府に権限があり、薩摩役人が独断で違反者を罰することはできなかったこと、そして薩摩役人は自分たちの業務とは別に、私的に商品を持参し琉球で商売をおこなっていた事実です。おそらく「役得」としてこうした行為は認められていたのでしょう。その取引相手とは、那覇の女性をはじめとした庶民たちでした。女性たちは薩摩役人からさまざまな品を仕入れ、商品として売りさばいていたのです。

踏んだり蹴ったりの黒田ですが、彼の悲劇はまだ終わりません。黒田は久米村の女性・真亀《まかめ》にも金を貸していましたが、真亀は返済をのがれるべく逃亡をはかり、王府の平等方（警察・裁判を担当）に逮捕されます。彼女もまたお金を返さなかったのです。……まだいます。那覇東村の女性・思戸《うみと》は黒田から1万5000貫文（現代価値で1428万円）以上の借金をしており、返済されていませんでした。

こうした度重なる借金の踏み倒し、代金未払いに黒田はついにブチ切れ、王府に訴えたのです。

＊お金の計算は江戸時代の1両＝約30万円（磯田道史『武士の家計簿』より）をもとに、鳩目銭で換算。なお、あくまでも理解しやすくするための目安です。

参考文献：豊見山和行「近世琉球民衆の「抵抗」の諸相」（保坂智編『民衆運動史1』）「琉球の罪と罰（7）」（『地域と文化』66号）

●黒田藤十郎、ぶち切れる

那覇で商売をする女性たちから散々な目にあわされた薩摩役人の黒田さんですが、2年も支払いを催促し、待ち続けていたので結構忍耐強い性格だったようですね。そんな彼がブチ切れてしまったのには、どうやらキッカケがあったようです。

王府に訴えた前の月の1855年12月23日、黒田は用事のため今帰仁へ行っていました。黒田が不在の24日夜、奉行所に泥棒が入り、彼の私物が盗まれてしまったのです。盗まれたのは袷《あわせ》の衣装3着、紺色・黄色の布それぞれ2反、唐金薬の缶1つでした。

「アッー！　おっ、おいどんの服と薬が無か！　誰じゃ盗ったヤツは！」

さらに1856年1月7日の夜、薩摩役人の琉球滞在所である在番奉行所（御仮屋）の庭から、ソテツの盆栽の鉢が盗まれてしまいます。ソテツは高さ約30センチ、枝の数は20ほどで、鉢の高さは約25センチ、廻り60センチで色は白色でした。

盗難が発覚し奉行所はただちに王府に対して、犯人の捜索と逮捕を命じます。ソテツの盆栽を趣味にしてるヤツが怪しいから、そいつらを調べろと指示しますが、王府の反応はあまり早くありません。たかがソテツ1鉢で……と思ったかどうかはわかりませんが、王府は「あ〜、那覇とか調べてみましたが、ソテツを買ったり預けられている人物はいないみたいですよー」との返事。薩摩役人は「まだ遠くには行っていないはずだ」と重ねて周囲の捜索を命じ、盗まれたソテツを発見するまではソテツ掘りを停止するように、と首里・那覇中へ通達します。そして見つからなければ琉球全土へ捜索網を拡大しろと要求したのです。たかが1株のソテツに、この熱意は尋常ではありません。ソテツを相当大事に思っていたか、相当アタマにきたかのどちらかでしょう。結局、容疑者はあがったものの、犯人を特定するにはいたらなかったようです。

前回紹介した黒田のブチ切れ訴えも、もしかしたらこうした盗難事件がキッカケになったのではないかと、僕はひそかに思います。

「アッー！　おっ、おいどんの大事なソテツちゃんが！　おおお、おのれ許さん！」

琉球の在番スタッフに赴任し、「役得」で商売し儲けようと意気込んで商品や金の貸し付けを始めてはみたものの、損害は今の金額で3000万円以上。心身ともにボロボロの彼の心を支えていたのは、もしかしたら大事に育てていた1株のソテツの盆栽だったのかも……しれません。あくまでも想像ですが、その盆栽も盗まれたとき、彼のなかで積もり積もったモノが決壊したのではないでしょうか。

琉球は近世、たしかに薩摩藩の支配下にあり、何でも自由にできるわけではありませんでした。しかし、こうした政治の状況のなかで、庶民たちはしたたかに暮らしていたのです。それにしても黒田さん、とんだ災難でしたね。鹿児島へ帰るときに「こんなところ二度と来るかー！」と言ったかもしれません。

参考文献：『琉球王国評定所文書』
豊見山和行「近世琉球民衆の「抵抗」の諸相」（保坂智編『民衆運動史1』）
「琉球の罪と罰（8）」（『地域と文化』67号）

喜瀬さん夫妻の大ゲンカ

王国時代、庶民たちはどのように暮らしていたのでしょうか。王さまや政治の動きは見えても、こうした一般の暮らしはなかなかイメージしにくいと思います。ですが、実は王国末期の庶民たちの夫婦ゲンカの記録が詳細にのこされています。これは裁判記録にあるもので、事件になったことでそのいきさつを細かく知ることができます。約140年前のリアルな夫婦ゲンカの様子をご覧ください。

事件の当事者は喜瀬筑登之《きせちくどぅん》（36）と妻の真牛《まうし》。彼ら夫婦は那覇久米村の玉代勢オバアの屋敷の一角を借りて生活していました。当時も賃貸物件があったわけですね。喜瀬さんは百姓で、那覇泉崎村生まれの三男坊。クシ作りの職人でした。

1869年7月15日の夜、喜瀬夫婦は質入れしていた衣類をめぐって口論が起こってしまいます。やがて言い争いはエスカレートし、怒った妻の真牛さんはついに「あなたとは離婚よ！」と夫の喜瀬さんに向かって言い放ちます。それを聞いた彼、「うぐぐ、ちくしょー！」とくやしくなって家を飛び出し、そのまま焼酎3合を買い求め、ヤケ酒をしてしまいます。ちょうどその日はウークイ（先祖霊送り）。喜瀬さんはほろ酔い気分で兄の実家に行き、そこでウークイの残り酒をごちそうになり、そのまま徹夜で飲み、翌朝帰途につきます。帰宅途中で美栄地あたりにあった知人の石川筑登之の家に立ち寄り、何とまた酒を飲みはじめます。ウークイだったので、そこかしこの家でお酒が準備されていたのです。

二日酔い気味の喜瀬さん、夫婦ゲンカのことはすっかり忘れ午前8時に朝帰り。ところが、妻がいない。家主の玉代勢オバアに聞くと「家財道具を持って家を出ていったさぁ」とのこと。喜瀬さんは「ほんのちょっとした口論なのに、本当に別れるつもりなのか!?」とがく然とします。

動転した彼は、酔っ払った頭で考えたところ、妻は仲良しの盛島家にいるはずだと思いつきます。そこで喜瀬さんは久米村の盛光寺に間借りする盛島家を訪れました。すると案の定、妻の真牛さんは盛島さん夫妻とちょうどお茶を飲んでいる最中でした。さすが夫。妻の考えてることはお見通しですね。妻を見つけた喜瀬さんは激怒し、盛島さんの家へ上がりこみすごい勢いで突進してきたため、驚いた真牛さんと盛島さん夫妻は逃げ出しました。

妻を取り逃がしてしまった喜瀬さんは、今度は盛光寺の住職の寝室に侵入、蚊帳を持ち出そうとたくらみます。ちょうどそれを住職が便所付近で発見します。「おいお前、何してるんだ！」と驚く住職に、喜瀬さんはそのまま蚊帳を持って「これを持っていけば、わかるんだ！」と言い、一目散に逃亡。喜瀬さんはベロンベロンに酔っ払った頭で、「ささいなことで離婚を切り出し、女一人で寺へ行くとは、きっと盛光寺の坊主とデキてるにちがいない」と考え、寺の何かを持ち帰れば妻は追いかけてくるだろう、と蚊帳を盗んだのです。「これを持っていけばわかる」とは、これで妻の浮気がわかる、ということだったんです。まったくもって理解不能な思考ですが、酔ってたのでこんな感じだったのでしょう。

盗んだ蚊帳は知人の饒平名《よへな》筑登之の家にあずけに行きますが、喜瀬さんは何とその際にもそこでウークイで残った酒を飲んでいます。酔いがますます回って自宅に戻ったところ、妻はまだ帰ってきていません。妻はまだ寺にいるはずだ、と思い、今度は包丁を持って再び盛光寺へ向かいます。この包丁は妻を傷つけてやろうとしたのではなく、こらしめのため妻の髪を切ってはずかしめてやろうと考え、持ち出したものでした。

ところが盛光寺の門前では盛島さん夫妻や近所の人たちが待ちかまえており、皆で喜瀬さんを寺の中に引きずりこみ、蚊帳の盗人としてあえなく御用（逮捕）。このドタバタ劇ですが、裁判の結果、次のような判決が下されました。

《判決》

夫の喜瀬筑登之は宮古島へ流刑（島流し）。

通常、大酒飲みが乱暴を働いた処罰の先例では、寺入り（謹慎）40日、罰金200貫文（現代価値で約20万円）でしたが、今回の場合は喜瀬さんの親類から「彼を島流しにしていただきたい」との要請が出されたので、さらに罪の重い島流しにされてしまったのです。働かないニートやどうしようもない人間を親や親類が役所に訴えて島流しにしてもらうことは、この時代行われていました（「ニート君は島流し」52頁参照）。今回、親類に愛想をつかされてしまった喜瀬さんに、それが適用されたわけですね。

ささいな夫婦ゲンカがとんでもない結末になってしまった事件でしたが、刑期を終えた喜瀬さんがその後どうなったのか、離婚したのか、今まで通り仲良くやったのかは不明です……。

参考文献：真栄平房昭「夫婦ゲンカの社会史―琉球の慣習法と裁判をめぐる一考察」（『沖縄県女性史研究』2号）

船旅ナイトフィーバー

大小160以上の島からなる琉球は、船で旅に出かける姿が日常的な光景でした。しかし当時の船は風をたよりに目的地に向かう帆船の旅。現代のように天気予報もなかった時代、いつ風向きが変わり暴風雨に見舞われるかわからず、非常な危険をともないました。当時の言葉に「唐《とう》旅《たび》」という言葉がありますが、これは「中国への旅」というだけでなく「死ぬ」ということも意味していました。遠い中国への船旅は〝死出の旅〟と同じと考えられていたからです。

それでは、公務で船旅に出かける人々は〝死出の旅〟にあたり、どのような行動をとったのでしょうか。生きて帰ってこれるかどうかは、ただ運だけにかかっていました。人の力でどうにもできない運命を決めるのは神さましかいません。よって旅立ちの前には霊験あらたかな航海安全の神さまに祈りをささげたのです。

琉球で祈願の対象となった航海安全の神は、まず天妃《てんぴ》（媽祖《まそ》）があげられます。この天妃はもともと中国の女性の神で、東アジアから東南アジアにかけて広まっていました。琉球へは久米村の中国系移民がもちこんだといわれています。そのほかは観音さまやフナダマ（船霊）、そして琉球の聞得大君も航海安全の神さまと考えられていました。

神さまへの祈りは船出する本人だけではなく、無事を願う親類も必死に旅の安全を祈っていました。親類はウタキや寺院・神社にお参りし、さらに親類一同集まって床を足で踏みながら歌い踊る儀式（板敷払《いたじきばらい》）などを行いました。

本人が旅に出た後も、留守家族や親類の女性が集まって、徹夜で「旅クェーナ」と呼ばれる神歌を歌いながら踊りまくるのが恒例だったようです。女性が歌うのは沖縄の「オナリ神信仰」という、親族の女性の霊力が男性を守護するという信仰からきています。

座喜味グスク内にある、1843 年の江戸立の副使・座喜味親方の建立した灯籠

近世（江戸時代）の王府は儒教的な考えからみてあまりに非合理すぎるということで、沖縄古来から続く夜間の旅踊りを禁止したようですが、旅踊りの風習は以後も続いたようです。

三司官だった伊江《いえ》親方《うぇーかた》朝睦《ちょうぼく》の例をみてみましょう。1812年、彼の息子朝安《ちょうあん》がヤマトに出張した際、帰国の日が近づくにつれ無事の帰りを願う伊江親方の祈りは激しさを増していきます。親戚一同で首里の弁ヶ嶽や普天間宮にお参りするだけでなく、帰宅後はご馳走を出し、さらに三線・鼓を鳴らして旅踊りや歌、狂言など、連日舞えや歌えやの大騒ぎ。

一見遊んでいるようですが、当人たちはいたって大マジメです。「息子よ、無事に帰って来い！」という思いをこめて、みな必死に踊りまくっていました。伊江親方は当時81才。彼は老体にムチ打って息子が無事に帰るよう「努力」したのです。

伊江親方の必死のドンチャン騒ぎが功を奏したのでしょうか。息子はついにヤマトから戻ってきます。彼は親戚一同で那覇港へ向かい、感動の再会を果たします。

しかし、ここでメデタシ、メデタシではありません。無事帰国した後、伊江親方はさらにウタキや寺社にちゃんと感謝の祈りをささげに行きます。帰ってきたら知らんぷり、「困った時の神頼み」ではいけないのです。

参考文献：真栄平房昭「近世琉球における航海と信仰」（『沖縄文化』77号）

石垣島の朝鮮語通訳

琉球と朝鮮。両国は中国（明・清朝）の朝貢国であることはよく知られた事実ですが、お互いの交流の歴史について知っている人はあまり多くないと思います。琉球と朝鮮との交流は、実はそれほど活発だったわけではありませんでした。

中世（古琉球時代）には琉球から朝鮮に外交使節が派遣されて直接的な交流がありましたが、朝鮮側からの積極的な働きかけは見られず、しかも琉球使節のほとんどは日本の博多商人に外交業務を委託するかたちで行われていました。やがて近世（江戸時代）に入ると両者の交流は、朝貢でおもむいた中国・北京の第三国経由で行われるかたちになっていました。

このように一見すると疎遠に見える両者の間がらなのですが、関わりは皆無だったのではありません。みなさんは近世の石垣島に朝鮮語通訳がいた事実はご存じでしょうか。通訳の名前は伊《い》志嶺《しみね》仁屋《にやー》英叙《えいじょ》。仁屋とはランクを表す称号で、低位の官人のことです。石垣島というと沖縄島よりさらに南で、中国大陸や台湾にずっと近い先島諸島に位置します。当然、朝鮮ははるか彼方です。朝鮮と全く関係なさそうなこの島に、どうして朝鮮語通訳がいたのでしょうか。

国家レベルで直接的な交流はなくなったものの、民間においてはからずも両者が接触する場合がありました。それが漂着民です。琉球諸島には嵐に遭った朝鮮の船がしばしば流れ着いていました。琉球王府は彼らを手厚く保護し、中国経由で彼らを本国に送り返しましたが、その際の対処に当たったのが朝鮮語通訳だったわけです。

英叙はもともと中国語通訳として、石垣島に漂着した中国人と交渉する仕事をしていました。１８３２年と１８３３年、石垣島に朝鮮人が漂着します。現場に駆けつけた英叙は中国語で話しかけますが全く通じません。当初は中国人が漂着したとの情報で、英叙が派遣されたのです。相手が朝鮮人と判明したものの、この時石垣島には朝鮮語がわかる人間は一人もいませんでした。英叙は身振り手振りや筆談で何とか彼らとコミュニケーションをとろうとしますが、うまくいきません。漂着朝鮮人は英叙に付き添われて沖縄島まで送られます。

これをきっかけとして英叙は朝鮮語を学ぶことをこころざします。上から命令されるわけでもなく、自ら進んで朝鮮語通訳となる道をめざしたのです。漂着民とともに向かった沖縄島の泊村には、朝鮮語を話せる佐久本筑登之親雲上《さくもとちくどぅんぺーちん》がいました。当時、泊村は漂着民の収容センターがあり（泊に外人墓地があるのはこのためです）、ここにはわずかながら朝鮮語通訳がいたのです。英叙は佐久本について朝鮮語のレッスンを受けました。沖縄での滞在費用は全て自腹。彼は相当な熱意をもって朝鮮語の習得につとめていたにちがいありません。

1年あまりの後、英叙は見事に師匠から修了証をもらって石垣島に帰ります。やがて嵐で朝鮮人の船が与那国島に漂着しますが、この時、英叙は石垣島から与那国島まで出向いて彼らを保護し、沖縄島の泊村の収容センターまで護送しています。先島諸島でたった一人の朝鮮語通訳は、朝鮮漂着民の保護に大活躍することになるのです。

なぜ英叙はわざわざ朝鮮語通訳となったのでしょうか。琉球にはまれだった朝鮮語通訳という特殊な技能を活かして、任官を有利に進めようとしたことも理由のひとつです。しかしプライドを持ってやってきた自分の仕事が朝鮮漂着民たちに全く通用しなかったという苦い体験が、そのきっかけにあることは間違いないでしょう。彼はそのくやしさをバネにして、ついに朝鮮語通訳となったのではないでしょうか。おだやかな南の島に住む人々は、ノホホンと「テーゲー（適当）」に暮らしていただけでは決してなかったのです。

参考文献：松原孝俊「琉球の朝鮮語通史と朝鮮の琉球語通詞」（『歴代宝案研究』8号）
渡辺美季「近世琉球における外国人漂流民収容センターとしての泊村」
（『第四回沖縄研究シンポジウム・ヨーロッパ大会』）

江戸でブーム！　琉球イケメンズの舞台裏

近世、薩摩支配下の琉球は徳川将軍と琉球国王の代替わりの際、江戸に使節団を派遣していました。いわゆる「江戸立《えどだち》（江戸上《のぼ》り）」です。道中、琉球使節は人々の話題となり、江戸時代の日本に「琉球ブーム」ともいえる熱狂を巻き起こしました。九州平戸の藩主で文化人でもあった松浦静山《まつらせいざん》は、江戸市中の琉球使節に殺到する群衆を見て「その壮観さは江戸の三大祭りに劣らない」と評しています。

この江戸に向かう琉球使節団100名余りの中に、5名ほどの「楽童子《がくどうじ》」という15歳前後の少年たちがいました。彼らは全員美少年で、舞踊や音楽に優れ、詩歌や書道、囲碁にも通じた才能の持ち主。将軍や大名たちの前で芸能を披露する役目を負っていたのです。楽童子は庶民の関心の的にもなり、その美しさに人々は「男か女か」とウワサし合ったほどでした。

すべてが完ぺきに見える楽童子ですが、優雅に泳ぐ白鳥が水面下では必死で脚を動かす例えのように、多彩な芸を習得するための血のにじむ努力が必要だったようです。名家の子弟から選ばれた楽童子数名は出発の一年ほど前から準備を始めています。寺院に寝泊まりし、中華歌師《ちゅうかかし》・楽生師《がくせいし》といった先生のもとで中国・琉球の音楽や舞踊を特訓。そしてその成果を披露すべく首里城

「琉球人行列図錦絵」（琉球大学附属図書館提供）

で予行演習を行い、本番に備えたのです。

音楽や芸能を教授したのは主に久米村の士族でした。例えば久米村の鄭亮采《ていりょうさい》は1751年の8月12日に楽生師に任命され、首里の広徳寺（現在の県立芸大グラウンド付近にあった寺）で毎日、楽童子たちに音楽や舞踊を教授し、翌年5月にそれを終えています。少年たちは親もとを離れ、数カ月におよぶ徹底したトレーニングをおこなうことで、初めて楽童子として活躍することができたのです。

歴代の楽童子のなかには、小禄良忠《おろくりょうちゅう》という絶世の美少年がいました。彼は1832年に江戸立の使者として派遣され、江戸中の注目の的になります。帰国後、彼は冊封使に舞踊を披露《ひろう》する役もつとめ、王府の官職を歴任し、中国にも使者となって渡り、ついには三司官という頂点の地位にまで昇進します。彼の人生は輝いていました。

しかし、運命とはむごいものです。不幸なことに最後には牧志《まきし》・恩河《おんが》事件という政争で失脚し逮捕。

獄中で悲惨な目にあって没落してしまいます。暗い獄中にある時、彼は「どうしてこんなことになったんだろう」とこれまでの人生を振り返ったはずです。青春の思い出、少年時代における楽童子仲間との合宿や、江戸の熱狂に包まれる黄金の日々も思い出していたのではないでしょうか。

参考文献：沖縄県立博物館・美術館編『琉球使節、江戸へ行く！』
『鄭姓家譜』

見えなかったことにしよう

琉球王国は奄美大島から与那国島までの領域を持っていました。近世になると奄美地域は薩摩藩の直轄領となりますが、それでも名目上は琉球の領域でした。

面白いことに、琉球王国は与那国島からさらに南の台湾やフィリピンまで進出することはありませんでした。南西諸島は12世紀頃のグスク時代に入ると奄美からの文化的影響で「琉球文化圏」ともいえる世界が形成され、その数百年後に沖縄島で王国が成立します。ところが王国体制はその文化圏のみにしか広がりませんでした。

つまり最初にぼんやりとした「文化圏」ができていて、沖縄島の琉球王国はそれをなぞるようにして確立していったといえるでしょう。この不思議な現象の理由は不明ですが、「琉球とは何か」を考える際、非常に興味深い問題です。
さて沖縄の一番はじっこの与那国島、晴れた日には台湾をのぞむことができます。島に住む人は古来より台湾の存在を知っていたわけですが、近世になると琉球は幕藩制国家の支配下に入り、「鎖国」制度が適用されます。当然、住民が台湾へ渡ることは許されません。
そこで琉球王府はどのようなお達しをしたかというと、次のような禁令を出したようです。

台湾の見えるということは制禁なり（『大島筆記』）

つまり、台湾が見えると公言するのはタブーだったのです。与那国島の誰もが台湾を見ながら「あの島は見えなかったことにしよう」としていたわけですね（笑）。幕藩制おそるべし。

参考文献：真栄平房昭「近世日本の境界領域」（菊池勇夫・真栄平房昭編『列島史の南と北』）

「守礼之邦」は撤回します

沖縄観光のスポットで知られる首里城。正門（歓会門）のちょっと前に「守礼門」という飾り

「守礼の門の交歓風景」ラヴ・オーシュリ・上原正稔編著『青い目が見た大琉球』（ニライ社、2000）より。原画　ウイリアム・ハイネ、ジョン・ケニー夫妻所蔵

の門があります。16世紀頃に建てられた中国式の牌楼《ぱいろう》という形式を模した門で、「守礼之邦」という額がかけられています。「礼節を守る国」という意味が込められていると言われますが、実態はもっと深い意味があります。

この「守礼」という言葉は単に「マナーを守る」という意味ではありません。当時の「礼」とは儒教でいうところの「礼」。つまり社会秩序を維持するための道徳的な規範ということで、「守礼」とは具体的には「中国と琉球の上下関係の秩序、冊封体制を守っている」ということを意味しています。

そもそも守礼門は、中国から琉球国王を任命するための冊封使がやってきた時、新国王がここで出迎えをする場所となっていました。いわば玄関口。あいさつをする国王のバックには飾りの門と「守礼之邦」があり、忠実な朝貢国であることをアピールしたわけです。

なので当初、守礼門には「守礼之邦」の額がかけられておらず、単に「首里」などの額でした。「守礼之邦」は中国の冊封使が来た時だけにかけ、彼らが帰ったらさっさとはずしてしまいました。後に常設されてはいきますが、もともとは中国向けのアピールのためにかけていたことがわかります。

そして1853年。アメリカからペリー艦隊が琉球にやってきて、彼らはさまざまな要求をつきつけます。首里城訪問も求めますが、琉球側は再三断るも大砲装備の軍隊を引き連れて強行します。その際に守礼門付近であいさつをする様子がスケッチで残っているのですが（上図）、守礼門の額をよく見ると……「守礼之邦」の額じゃない！

漢字を知らないアメリカ人が描いたので読みにくいですが、どうも横書きで「中山府《ちゅうざんふ》」という額をかけていたようです。実際に、この時のアメリカ側の記録にはこうあります。

「中の門の上には漢字の扁額が掲げられてあったが、ウィリアム君の訳によると統治の場所という意味だそうで……」

これはまさに「中山府」（琉球王府）で統治機関の場所を意味しているのではないでしょうか。つまり琉球側は、この時期には常設してあった「守礼之邦」をはずし、わざわざ別の額を作って招かざる客のアメリカ側に応対したのです。「わたしたちはあなた方に対して守礼ではないですよ、守礼之邦は撤回！」という意味が込められていたのでしょうか？

アメリカ側に出した料理も中国の冊封使に出す料理よりランクを下げて出していたようで、言外に歓迎していないことを表わしていたのかもしれませんね。

参考文献：ラヴ・オーシュリ・上原正稔編『青い目が見た大琉球』
神田精輝訳『ペルリ提督琉球訪問記』

燃えよ大綱挽

毎年10月に行われる那覇の大綱挽《おおつなひき》。那覇の最も大きな祭りのひとつで、数十万人が参加するビッグイベントです。あわせて全長200メートル、直径1・5メートルになる巨大な綱2本を「貫《かぬ》抜棒《ちぼう》」と呼ばれる棒で連結し、東と西に分かれて挽き合います。大綱はギネスにも認定された世界最大級の綱。この綱挽は王国時代から続く伝統ある祭りで、東西双方がお互いのプライドをかけて勝負する勇壮な祭りとされています（現在の大綱挽は、戦前にとだえていた祭りを1971年に復活したもの）。

しかし王国時代の那覇の大綱挽は勇壮を通りこして、過激というほかありません。当時の大綱挽は「戦花遊び《いくさはなあし》」とも呼ばれた乱闘がともなう祭りで、那覇の人々はこの祭りに命をかけて挑んでいました。非日常的なイベントである祭りは民衆のパワーが一気に爆発する場所だったのです。その熱狂ぶりはワールドカップどころの騒ぎではありません。王国末期（日本でいうと幕末）、1863年の那覇大綱挽の様子をみてみましょう。

　この年の大綱挽は昼間の華麗な旗頭の行列のあと、夜9時すぎに東西に分かれて綱挽が開始されます。ドラやカネ・太鼓、火砲の音が響くなか、東西両方の綱がまさに連結されようとする時、突如として試合開始のカネが鳴らされます。すでに2本の綱が中央で連結されているとカン違いした両陣営は、まだつながっていない綱を思いっきり引くと、それぞれの方向に一気にバタバタと将棋倒しになってしまい、勝負は引き分けの判定がくだされます。

　翌日、判定に納得できない東側陣営は「西側から勝手に合図をして引きはじめたから西側の反則負けだ」と主張して、勝ちどきをあげて西側にアピールしようと勢ぞろいします。

　これに怒った西側の陣営、彼らの勝どきを阻止しようと東側に相対し、両陣営は棒や刃物、石

戦前の那覇大綱挽（那覇市歴史博物館蔵）

などで武装して「合戦」寸前にまでなってしまうのです。

この一触即発の状況に、薩摩役人と王府役人が仲裁に入って解散命令を出し、すんでのところで「合戦」はまぬがれました。

ところがこの場は何とか収まったものの、1872年の綱挽の際には東西両陣営の一部でついに大乱闘が勃発、死傷者を出す惨事となり、見かねた王府は9年間も那覇の大綱挽を禁止してしまいます。この時の大乱闘では、綱挽が行われた付近の民家の石垣がくずされて敵に投げつける石として使われ、またある者は顔中に真っ黒なスミを塗りたくり、棒や竹ヤリを持って集団でかけ出していったといいます。刃物や竹ヤリで屈強なニーセー（青年）たちが激突する那覇の大綱挽……過激すぎて参加したくありませんね。

大綱挽に限らず、那覇ではハーリー（爬龍舟のレースを行う祭り）の際にもニーセーたちのケンカが多発したそうで、王府や薩摩役人はたびたびケンカ・口論の禁止令を出していました。しかし、かれら権力は祭りに熱狂する那覇の人々を止めることはできなかったのです。

人々がイベントや勝負ごとに熱くなるのは今も昔も変わらないのかもしれませんが、昔の人の祭りにかける情熱はハンパじゃありませんね。

参考文献：島袋全発『那覇変遷記』
豊見山和行「近世琉球民衆の「抵抗」の諸相」（『民衆運動史』1）

知られざる琉球の肖像

デザート

カタツムリと虫の食べ方

みなさんはエスカルゴをご存じでしょうか。下ごしらえをしたカタツムリを殻に入れてガーリックバターなどを詰め込み、オーブンで焼いたもの。エスカルゴはフランス料理の高級食材として知られ、ワインの産地でもあるブルゴーニュ地方の代表的な料理です。食感は肉質のやわらかい貝類といったところでしょうか。

カタツムリを食べるなんて気持ちが悪いと考える人もいるかもしれませんが、実はこのカタツムリ、かつての沖縄では一般的な食材で、実に1970年代まで食べられていました。食料難だった時代には貴重なたんぱく源だったのです。

石垣久雄「カタツムリの食べ方」（『南島考古』22号）で、聞き取りをもとにカタツムリの調理方法が紹介されています。それによると、カタツムリは主に汁にして食べられていたとのこと。

（1）畑などにいるカタツムリを採取する。雨の日だとたくさんゲットしやすい。
（2）カタツムリをしばらく置いて、体内の内容物（要するにウンコ）を排出させる。
（3）カタツムリを入念に水洗いしてヌメリをとってからナベなどで煮る。鍋からカタツムリが逃げないよう、ナベの縁には塩をこすり付けるとよい。
（4）沸騰したら野草などを入れて出来上がり。さあ、めしあがれ！

※よい子のみなさんはマネしないでください。

八重山の近世（江戸時代）集落からは、廃棄された大量のカタツムリの殻が見つかるそうです。1479年の朝鮮漂着民の証言（『朝鮮王朝実録』）によると、琉球の各島では日常的にカタツムリを煮て食べていたといいます。

また約3400年前の熱田原貝塚（南城市）からも、陸上産のマイマイが海の貝とほぼ同じ量で出土しています。カタツムリは沖縄古来の「伝統」食材だったわけです。カタツムリ食は、豊かさを獲得した現代においてその歴史的役割を終えましたが、もしかしたら洗練されて琉球版エスカルゴとして発展していた可能性もあったかもしれません。

ところで、朝鮮漂着民の証言で気になる部分がありました。

「沖縄島ではイナゴ・キリギリスのような虫がいて、大型である。人は好んでこれを食し、市場で売られている」

イナゴを食べる習慣は本土に残されていて、たとえば長野では今でもスーパーにイナゴの甘露煮が並びます。証言ではその大きさを特徴として挙げていることから、オキナワキリギリスの可能性があります。この虫は琉球列島の固有種で大型。現在、絶滅も懸念される希少昆虫です。

オキナワキリギリスの個体数が減少した理由として、沖縄で食用だったことの影響もあったかどうかは定かではありませんが、いずれにせよ古琉球の人々は昆虫が大好物だったことがわかります。

参考文献：石垣久雄「カタツムリの食べ方」（『南島考古』22号）
高宮廣衛『沖縄の先史遺跡と文化』

あなたも一緒に死になさい

江戸時代の中ごろまで、日本では主君が死んだら家来たちが後を追って死ぬ「殉死《じゅんし》」がおこなわれていました。これに対して1663年に幕府から殉死の禁止が出され、恐ろしい風習はほぼ途絶えました。その後は明治天皇が死んだ際に、軍人の乃木希典《のぎまれすけ》が夫婦で後を追って自殺した例もありますが、これも殉死の一種でしょう。

琉球はどうだったのでしょうか。実は古琉球のある一時期には、殉死の風習があったようです。1522年に守礼門の後ろ付近に建てられた「国王頌徳碑《しょうとく》」という石碑には、舜天・英祖・察度の時代には殉死の風習はなかったが、第一尚氏の1400年代からおこなわれるようになったと記しています。おそらく三山統一の勢力争いのなかで、戦国の気風がこうした風習を生んだのでしょう。殉死は男女問わず、20~30人が競って王の死に「同行」し、さらに庶民にいたるまで身分に応じて5人、あるいは3人と死んでいったといいます。

1501年に朝鮮の『海東諸国紀』に追記された「琉球国」の記述では、「子供のいない夫婦で夫が死んだ場合、妻は自分で首を斬って夫の死についていく。常に7、8割の妻はそうする。王も禁ずることができない」とあり、国王も禁止できないほど、琉球社会全体に殉死が広がっていたことをうかがわせます。

しかし、こうした野蛮な風習に対し、円覚寺の住持（住職）だった仙岩《せんがん》和尚は、尚真王に対して「これは道義ではありません」と訴えます。仙岩は琉球人で、もとは那覇の龍翔寺《りゅうしょうじ》にいた僧でした。尚真王も「この道は凶事だ。こういうことをおこなってはいけない」と和尚の意見に同意し、1505年に母のオギヤカが死んだ際には国中に殉死することを禁止した、と「国王頌徳碑」には記されています。これ以降、琉球において殉死の風習はなくなることになりました。

ここで疑問が出てくるのですが、では実際に殉死した人々の具体的な例は存在するのかということです。たとえば尚巴志や懐機、尚泰久、第二尚氏の尚円の死に際して殉死がおこなわれたことになるのですが、どのような人々がどのようなカタチで死ぬことになったのか。殉死者は死後どのように葬られたのか。たとえば第一尚氏の王墓だった天山陵《てんざんりょう》の近くに葬られたのか、あるいは同じ墓室内の片すみなどに別の棺で遺骨が収められたのか。天山陵は尚円（金丸）らのクーデ

浦添ようどれの英祖王族墓室。門の左右に穴がある

ターで歴代王の遺骨は各地に四散し、沖縄戦で墓室も破壊されていますから確かめるすべはありません。

ところで浦添ようどれの英祖王一族の墓室には門の左右に小窓が設けられていますが、俗説では殉死者を生きたまま閉じ込め、内部にいる彼らの様子を確認するためのものと言われています。しかしこれはちがうと思います。

では、彼らの遺骨は墓室内に放置されるのでしょうか。ようどれの墓室内にそうした人骨は確認されていませんし、先に紹介したように、実際に確認されている殉死の例は、自ら首を斬って死ぬという方法です。閉じ込めて餓死させるという回りくどい方法をとるとは考えにくいですし、こうした方法をとったとする同時代の記録も見当たりません。

戦前まで残っていた天山陵には、浦添ようどれと同じように墓の入り口の左右にアーチ形の窓があったことが1924（大正13）年のスケッチでわかりますが、これがどう見ても人が出入りできる大きさで、とても閉じ込めた殉死者の監視用とは思えません。それよりも僕は、あの穴には宗教的な意味合いが強いと思います（厨子《ずし》ガメにも穴を開けて魂が出入りできる構造になっているように）。

古琉球の殉死の実態を解明するのはこれからの課題といえるでしょう。

参考文献：沖縄県教育委員会編『金石文』、『海東諸国紀』

死後の世界はあった？

琉球王国の正史『球陽』には、奇妙で怖い事件がしばしば記されています。次の記事は1731年に起こった事件です。

与那城間切宮城村に、喜也宇《きやう》大翁《おおおきな》なる者あり。七十歳にして死す。臨終の時、子孫に謂《い》いて曰《いわ》く、我が神歌を唱うるは、汝らの共に知るところなり。もし陰間《いんかん》、生前に異ならざれば、すなわち死後三日、必ずこれを唱え、もって汝らに聴かせんと。期にいたり、ともに往きてこれを聴くに、果たして歌声あり。（『球陽』巻12）

与那城間切（現うるま市）の宮城村に、喜也宇オジイという者がおり、70歳で死んだ。臨終の時、子や孫に対して言うには、「私が神歌を歌っていたのは、お前たちも知っていることだ。もしあの世が生前と同じであれば、私は死後3日、この神歌を必ず歌い、お前たちに聞かせよう」と。その時がいたって（死ぬこと）、家族がともに墓に行って聞くと、彼の歌声が聞こえてきた。

喜也宇オジイは自分が死んだ後、あの世がどうなっているのか子や孫たちに伝えようとしたのです。オジイの歌声が聞こえてきたということは……死後の世界は生きている世界と変わらない、ということなのでしょうか⁉

ちなみに当時の琉球の葬り方は風葬で、遺体を一定期間、放置して白骨化させる方法をとっていました。なのでオジイの遺体はそのまま墓室（もしくは風化させるための施設）に安置されていたわけで、家族たちはその場所に行ったということです。

さて、みなさんはこの奇妙な事件をどう考えますか。ただ1つ、確かなことは、この事件が王国の正史に記されているという事実です……。

参考文献：『球陽』

久高島の「異種の民」

沖縄島南部の知念半島の先に浮かぶ久高島。近年では「神の島」として広く知られるようになりました。スピリチュアル・ブームに乗って、多数の観光客がこの島を訪れています。

この島には沖縄のほとんどで消えかけた古来の祭祀組織が温存されていて、島の女性は一定の年齢になると神女組織へと編入されます。12年に1度行われる就任式にあたるイザイホーの儀式は過疎化により現在途切れていますが、それでも1年のうち約30回もの祭祀があります。

島には琉球の創世神話で神が降臨したという聖地のフボウ御嶽があり、沖縄のなかでも特別に格式の高い聖地です。

神秘的な雰囲気ただようこの島には、ある不可思議な事実が存在します。琉球王国の正史『球陽』には、次のように記されています。

久高島、代々「異種」の人を生ず

太古より、知念間切の久高島には「異種の民」がいた。うまれつき性格は素直で、普通の人より賢く、よく仕事をした。暮らしむきはとても裕福で、現在、その種族は7、8名いる。彼らは皆、ヒザからくるぶしにかけてとても細く、かかとがない。足の甲は短くて足の指は長く、そのかたちは手のひらのようになって、地に立つ。(『球陽』巻14)

驚くべき内容です。久高島に「異種の民」が存在したというのです。この「異種の民」は、目や肌の色が違うなど民族や人種が違うということではありません。身体的特徴そのものが、通常の人間ときわめて異なっているということです。膝より下は通常の人間よりも細く、かかとがなく、足はまるで手のひらのようで、指が異様に長かったといいます。彼らはいったい何者なのでしょうか。

考えられるのは、「異種の民」が突然変異で生まれた人々であった可能性です。しかし、個人個人でまったく同じ特徴を持つ突然変異が集団として維持され、何世代も変わらずに続いていくものなのでしょうか。実際に世界のなかでこうした突然変異の事例はあるようですが、久高島も同じようなケースなのでしょうか。

注目すべきは、これが伝承や噂のレベルではなく、王国の正史に記載される「事実」であったことです。しかも見間違いの報告などの事実誤認や伝聞でもなく、王府は1743年の時点で「異種の民」を実際に確認しており、その数を7、8名と数えているのです。つまり、この事実は否定しようもない真実であったことになります。

彼らは他の島民とひとまず「異種」として区別されているものの、同じ島でともに暮らしています。とくに神聖視されてたり恐れられている様子もなく、むしろ働き者として肯定的に評価されているのが興味深い点です。

僕がもう1つ気になるのは、久高島が神聖な「神の島」とされていた事実です。創世神話によると、創世神アマミキヨが天上より降臨し、最初に沖縄に作った7つの御嶽のひとつが、この久高島にあるのです。さらに久高島は神女組織の頂点に立つ聞得大君や国王が定期的に久高島に訪れ、麦の初穂儀礼をおこなう特別な場所でした。

「神が降りた島」と「異種の民」との間にはどのような関連があったのか不明ですが、「なぜ久高島が神聖視されるのか」の1つの要因として、もしかしたら「異種の民」が存在したことがあったのかもしれません。

彼ら「異種の民」はその後どうなったのでしょうか。18世紀の時点で7、8名ときわめて少数だったので、おそらく途絶えてしまったことでしょう。『球陽』以外には彼らのことを記録した書物は一切ありません。現在残る久高島の祭祀や伝承のなかにおいて、彼らのことを記憶しているものはあるかどうか、僕の知るかぎりでは確認できていません。

つまり、信じるも信じないもあなた次第ということです……。

参考文献：『球陽』

異形の弁財天

弁財天《べんざいてん》といえば七福神の1人で、美しい女性の神様です。琉球でも弁財天は仏教とともに伝わり、多くの人々に信仰されました。首里城の近くには弁財天堂も建てられ、とくに琉球の神女組織の頂点に立つ「聞得大君《きこえおおぎみ》」の祭神となっていました。

しかし琉球の弁財天は、われわれが想像するような柔和で美しい神様ではありませんでした。その姿は手が6本、顔が3つあり、手には太陽と月、ヘビと宝珠を持っている、まさに異形の神。コワイのは見た目だけではありません。琉球の弁財天は悪い心を抱く者を罰するという、福の

『江戸期琉球物資料集覧』より（本邦書籍）

神どころか非常にコワイ神様だったのです。

この異形の弁財天は、中世日本の宇賀弁財天の系譜につらなるもので、人々を罰するのは荒神《こうじん》の性格も持ち合わせていたからでした。ただ手に太陽と月を持つというのは琉球独特のもので、日本では見られない姿であったようです。

17世紀のはじめに琉球にやってきた日本の浄土僧・袋中《たいちゅう》は、この弁財天と習合した荒神について述べています。それによると、この神は12年に1度、27日間降臨し、誹謗《ひぼう》する者がいればその口を裂き、悪い心を持つ者がいればその胸を斬り、毒ヘビで責めるといいます。ただし信じる者にはその姿は見えず、危害も加えられないということです。

さらに袋中は当時起きたある事件も紹介しています。ある日、王や役人たちを誹謗中傷した落書きが見つかりますが、犯人がわかりません。そこで役人一同が首里の弁《べん》が嶽《だけ》に行き27日間参詣したところ、ついに犯人が自首。犯人とその一族は島流しにされたという事件です。弁が嶽は弁財天をはじめとした外来の神々が降臨する地でもあり、27日間という期間は弁財天の降臨する日数とされていましたから、この参詣は弁財天に祈っていたものとわかります。

役人一同は「さすが！　犯人が見つかったのは弁財天のおかげ！」と信じていたかもしれませんが、おそらく犯人は27

日間もみんなからプレッシャーをかけられ続け、精神的にまいって自首してしまったのではないでしょうか?

参考文献：真喜志瑶子「史料にみる琉球の弁財天」(『南島史学』42号)

琉球の死刑と拷問

罪を犯したら罰せられる。これは今も昔も変わりません。その極刑が死刑。死をもって罪をつぐなうものです。琉球王国でも極刑には死刑を採用していました。古琉球時代の法律がどうだったかはよくわかっていませんが、1466年に朝鮮に行った琉球使節の普須古《ふすこ》の証言によると、「中国の法律にしたがっている(大明律《だいみんりつ》による)」とのことです。琉球独自の法律は1786年の「琉球科律《かりつ》」が最初で、そこには「これまでは刑書がなく、先例に準じていた」とありますから、おそらく大明律も絶対の規範ではなく、あくまでも参考程度の位置づけだったのでしょう。

では死刑の方法はどうだったのでしょうか。普須古は「窃盗はただちに斬る」と言っており、また1501年の朝鮮の琉球記録には、「刑には島流し、斬刑がある。ムチや杖《つえ》でたたく刑はない」(『海東諸国紀』付録「琉球国」)とあるように、刀などで斬って殺す方法が一般的だったようです。

1462年の朝鮮漂着民の証言では、「盗賊はことごとく斬る。国王が直接尋問し、その後兵士が城外に連行して処刑する場合と、王府で審議して処刑する場合がある」とのこと。一方で盗みが少量の場合は島流しにするという証言もありますが、古琉球はとにかく盗みにキビシイ。

また「屈曲して4つに分かれた刃を数メートルもの棒の先に付ける『拘《こう》』という武器があり、遠くにいる罪人を斬るためのものである」ともあります。この「拘」という武器についてくわしくは不明ですが、遠いところからわざわざ罪人を処刑するということは、たとえば磔《はりつけ》のように高いところに死刑囚をしばりつけ、下から突き刺して殺すということでしょうか。こんな不気味な武器で殺されたくはありませんね。

1606年の冊封使・夏子陽《かしよう》は琉球の刑罰について「窃盗は死罪だが、最近ではだんだんと法がユルくなって、ただ杖でたたくだけ」と記しているので、窃盗の罪は以前よりは軽くなり、杖たたきの刑が登場したようです。

一方で1534年の冊封使・陳侃《ちんかん》は窃盗罪に対して鼻そぎ、足切りの刑もあったことを記し、1579年の冊封副使の謝杰《しゃけつ》は、「強盗犯は軽い重いにかかわらず開腹の刑をおこなう」とも言っています。

近世では1734年の平敷屋朝敏《へしきやちょうびん》のように磔の刑に処せられた例や、また1634年、八重山キリシタン事件で渡名喜島で火あぶりの刑となった石垣永将《えいしょう》の例があります（ただしこの例は薩摩藩の強い要求により実行）。近世の処刑場は那覇市安謝の海岸などが知られています。

今では当然禁止されていますが、犯人の取り調べの際には拷問をして自白させることが日本でも戦前までおこなわれていました。琉球王国でも拷問は存在しています。その拷問方法はいたってシンプル。２枚の板の間に足のスネ部分をはさみ、板を縄でしばって絞《し》めつける方法。「弁慶の泣きどころ」という言葉もあるように、スネは相当痛い。拷問はだいたいこの方法が用いられたようです。シンプルだけど結構キツイ方法です。それと、指と指の間に四角の木の棒をはさみ、縄でキツクしばりつける、という地味だけどいやらしい方法もあります。

１７３３年までは、位階のある人を拷問する際に、まず位階を没収して「タダの人」にしてからおこなっていたのを、これ以降は位階のあるまま拷問することに変更しています（『球陽』）。実際の拷問はどのような感じだったのでしょうか。

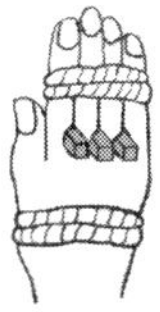

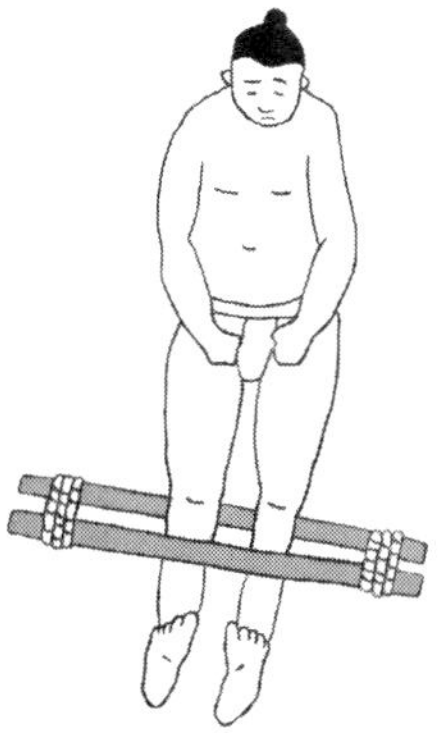

１８５９年、王府内の親薩摩派と琉球保守派の対立で起こった牧志《まきし》・恩河《おんが》事件で、三司官の小禄親方良忠《りょうちゅう》（「江戸でブーム！琉球イケメンズの舞台裏」２１１頁参照）は主導権を握った対立派閥（保守派）から、「薩摩藩士へ賄賂《わいろ》を贈り、三司官後任人事の不正操作をたくらんだ嫌疑」を受けて逮捕、過酷な板ばさみの拷問を受けます。小禄は一切の罪を認めず、通常の犯人が受ける拷問は2、3回なのに対し、小禄の拷問は実に15、6回にもおよび、両脚の皮は破れ、肉も裂けて骨が見える状態にまでなったといいます（『琉球三寃録』）。

それでも自白しない小禄に対し、保守派の一部はついに水責めの拷問を提案。しかし水責めは「苛刻残忍《かこくざんにん》」すぎて古来よりおこなったことがない、おこなえば死ぬ場合もあると反対意見が出て、実行されなかったようです。結局、彼は伊江島の照太寺《しょうたいじ》に500日の禁固刑の判決を受けましたが、その後どうなったかわかりません。おそらくこれは反対派閥が小禄を政権の座から引きずり下ろすための「国策捜査」で、彼がこれほど悲惨な目にあっても自白しなかったのは、冤罪《えんざい》だったからでしょう。

実は板ばさみの拷問は、1462年の時点ですでに登場していて、どうやら琉球伝統の拷問だったようです。取り調べの際にはムチや杖でたたくことはせず、2つの板の間に脚をはさんで縄でしばり、しかもこの板の上に人が乗って揺《ゆ》らすそうです。板の両端にそれぞれ1～3名。これはさすがに……激痛なのはまちがいないでしょう。

参考文献：『朝鮮王朝実録』、『琉球科律』、『球陽』、陳侃『使琉球録』
喜舎場朝賢『琉球三寃録』、真境名安興『沖縄一千年史』

グスクと「太陽の穴」

世界遺産に登録された首里城をはじめとしたグスク。王や按司などのリーダーが居住し、支配の拠点となった場所です。彼らは「世《よ》の主《ぬし》（世界の主）」または「テダ（太陽）」とも称される存在で、グスク内で自らを権威づけるさまざまな儀礼をとりおこなっていました。

ところで琉球では、ニライ・カナイという海の向こう（とくに東方）にある別世界が存在し、そこには太陽が生まれる「テダが穴」という穴が存在すると信じられてきました。当時の人々には「地球は丸い」という観念はありません。穴から生まれた太陽は上空を通り、やがて西方の「テダバンタ（太陽の崖）」に落ちていくと考えられ、沈んだ太陽は地底の穴を通って、東方の「テダが穴」から再び生まれてくると信じられていました。もちろんこれは事実ではありませんが、大事なのは当時の人たちがこうした観念にもとづいて世界を解釈していたという点です。

中城グスクの裏門。アーチ門は夏至の日の出と一致する

古琉球の歌謡集『おもろさうし』には、「太陽に向かって、グスクの城門を開けて」と謡ったオモロ（神歌）があります。どうやら城門を「穴」に見立て、そこに太陽の光を入れようとしたことが読みとれます。つまり城門が「テダが穴」の擬似装置の役割をはたしていたということができるのではないでしょうか。

南城市にある玉城グスクの門は、夏至の日の出の方角とピッタリ一致することが知られています。1年の中で太陽がもっとも長く出ている日に、グスク内に太陽のエネルギーを取り込もうとしたことがうかがえるのです。夏至の日の出の方角と一致するのは玉城グスクだけではありません。何と中城グスクや糸数グスクなど、他のグスクにも共通して見られる構造なのです。また門だけでなく、グスクの建物も日中の太陽の方角、南に向けられているものが多数あります。

このように古琉球では太陽の方角が強く意識されていたことがわかります。これは現代の常識・感覚ではなく、彼らの世界観をもって解釈しなければ見えてこないことなのです。

興味深いのは、時代が経ってくるとグスクの建物が南向きから西向きに変わる傾向があることです。これはグスクにいる按司（または王）が太陽と対峙する存在から、権力の強大化にともない、東から西へ向かう太陽そのものになったことを意味しているのではないでしょうか。

観光で何気なく巡っているグスクには、まだまだ古琉球世界の真相に迫る手がかりが隠されているはずです。

参考文献：安里進『琉球の王権とグスク』、高良倉吉『沖縄歴史への視点』

グスクの石積みアレコレ

沖縄のグスク。首里城をはじめとした代表的なものが世界遺産に登録され、連日多くの観光客

仲栄真グスク、布済みの石垣

が訪れています。しかしこうしたグスクはごく一部。グスクは総数３００以上あると言われ、大半が樹木やブッシュに覆われた小規模で目立たない遺跡です。

しかし、こうした小型グスクのなかには結構オモシロイものがあります。南城市玉城の仲栄真《なかえま》グスク。南城市の玉城陸上競技場の敷地内にあり、比較的カンタンに見学することができます。

ここは尚泰久王の子、八幡加那志ゆかりのグスクとも言われていて、近くには百度踏揚《ももとふみあがり》の墓など第一尚氏王族の墓が点在しています。

とくに興味深いのは美しい布《ぬの》積みの石垣が現存していることです。この積み方は縦に目地《めじ》が通った積み方（レンガ積みのように上下の石をズラさず、縦一直線に積み上げていく）で、比較的古い時代のものと考えられます。

残念ながら、グスクを示す案内板はない状態なので自分で探すしかありませんが、駐車場からもすぐ確認できるので、ぜひ訪れてみてください。

さて石積みの「目地が通る（通らない）積み方」という表現をしました。どういうことなのか、実際の写真を見ながら解説します。

まず、布積みで縦に「目地が通る積み方」。

仲栄真グスクや糸数グスクがこれに当たります。

そして次が「目地が通らない積み方」。

石を一段積むごとにズラしていく、レンガのような積み方です。こちらのほうが崩れにくく強度があります。中城グスクや勝連グスク、首里城などに見られます。こちらは比較的新しい時代のもののようです。

これより後の時代になると、「相方《あいかた》積み」という、多角形の石を噛《か》み合わせて積む方法が登場しますが、これは布積みよりもさらに強度があり、王国時代を通じて用いられていきます。これが沖縄の石積み文化の完成形といえるのではないでしょうか。

ところで自然石を積んだ野面《のづら》積みから、加工した布積みにどのように変わったのでしょうか。

実は野面積みと布積みの過渡期とみられるグスクの石積みがあります。それは糸満市にある上里グスク。大部分は野面積みで、高いところになると3、4メートルもの石積みが大規模に残っています。

糸満市は南山グスクよりも、上里グスクを保存・整備したほうが絶対いいと思うのですが、まあそれは別の問題ということでおいといて。

仲栄真グスク石垣の拡大写真。目地が通る積み方

中城グスク。目地が通らない積み方

上里グスク、中央の方形の石を縦一列に並べている

上里グスクの画像を見ると、石積みの中央部は、自然石ながら長方形に近いかたちの石が縦1列にそろえて積まれています。野面積みしては規則性があるものの、かといって布積みはどキチンと加工されて積まれてるわけでもないという曖昧《あいまい》な石積みです。

これがおそらく野面積みから布積み（仲栄真グスクのような縦に目地が通るタイプ）の過渡期に当たるのではないかと思います。

上里グスクに隣接する山城グスクにも、野面積みながら表面を整え、規則正しく積もうとした石積みを見ることができます。

グスク石積みのタイプ、よく観察するともっと細かく区分できるかもしれませんね。

ピョコっと出た石の起源

世界遺産にも登録された琉球王国のグスク群。その大きな特徴は、琉球石灰岩で積まれた美しい石積みです。本土の直線的な石垣と異なり、丸みをおびた柔らかな曲線で構成されています。

その石積みのコーナーになっている部分、よく見るとピョコっと飛び出しています。これは「隅頭石《すみがしらいし》」と呼ばれるもので、首里城をはじめとしたグスクのみならず沖縄の古い民家の石垣にも多用される技法です。なぜこのような石をコーナーに置いているのか、実はよくわかっていませんが、一説にはコーナー部分を高くすることで視角的に美しく見せているとも、魔除けなど宗教上の理由とも言われています。実は本土の天守台にも似たような技法はあるようですが、沖縄の隅頭石は極端に飛び出ているのが特徴です。

この隅頭石、いつ頃から石積みに設置されるようになったのでしょうか。よくわかっていないのですが、それを知る大きな手がかりが中城グスクにあります。中城グスクは15世紀中頃に護佐《ご さ》丸《まる》によって改修・整備されたグスクですが、彼が入る以前には先中城按司が住んでいたと伝わっています。

中城グスク正門横の張り出しの石積みのコーナーを見てみましょう（Ⓐ）。コーナーには隅頭

中城グスク正門付近の石垣

石ではなく、平らな石が一つ残っています。

それに対して、中城グスク裏門付近の階段にある石積みのコーナーは隅頭石です（Ⓑ）。

これは何を意味しているのでしょうか。

中城グスク裏門とその周辺の三の郭、北の郭は1440年頃に護佐丸が新たに築いたとされています。石積みのタイプも相方積みと比較的新しいタイプです。一方、グスク正門は護佐丸以前にすでに築かれていたと考えられ、石積みタイプも布積みで、護佐丸が築いた区画よりも古い積み方です。

ちなみに一の郭の門両脇と二の郭の石積みにある隅頭石は、1950年代に修復された際に新たに取り付けたもので、もともとの石積みには確認されていません。つまり、中城グスクの隅頭石は15世紀中頃以前には存在せず、1440年代以降に登場した可能性が高いと言えるのです。ついでに14世紀頃のものとされる糸数グスクの石積みに

中城グスク裏門付近の石垣

糸数グスク

も、コーナーに隅頭石はありません。

隅頭石の誕生に護佐丸が大きく関わっていた……かどうかはわかりませんが、中城グスクの事例から隅頭石の起源について迫ることができるのではないでしょうか。

沖縄にピラミッド？

古代文明の巨大建築物として知られるエジプトのピラミッド。およそ４５００年前に築かれた四角錐《すい》の石造物は今なお多くの謎につつまれ、人々を魅了しています。ピラミッド＝エジプトのイメージが強いのですが、中南米のマヤ文明やアステカ文明のピラミッドも存在しています。日本にも長野県の皆神山《みなかみやま》のようなピラミッドがある、とのオカルト説もささやかれていますが、こちらはちゃんと確認されたわけではありません。

では沖縄にピラミッドがあるとしたら？「ナ、ナンダッテー!?」「ウソつけ、またオカルトか！」と思う読者もいることでしょう。厳密に「ピラミッド」と定義していいかわかりませんが、それらしき人工の構築物は確かに存在するのです。

沖縄島の北部、世界遺産のひとつとして有名な今帰仁《なきじん》グスクの周辺は深い森でおおわれていますが、そこにいくつもの謎の建築物、「性格不詳の石積み」が点在しています。その数は確認されているものだけで7つ。通称「ミームングスク」と呼ばれる石造物を見てみましょう。だいぶ崩れていますが、3段に積まれた高さ3メートル、一辺の幅が19メートルの石積みはまるで階段ピラミッド。あたりを一望できる立地であることから、物見台だった可能性が指摘されていますが、頂上部がヘコんでいることから、もともと内部に空洞があって、それが崩れたのかもしれないということで、レーダー調査がおこなわれました。その結果、レーダーに反応があり、内部に石室のような何らかの地下施設がある可能性が高まりました。

ミームングスク

　また「シニグンニ」という高さ1・7メートルの2段の石積みは小さいながらキレイに残っています。まるで祭壇のようです。隣には中央に岩が置かれたストーンサークルのような円盤状の石列もあります。こちらは旧暦7月におこなわれるトントトトン祭りの会場になっています。こちらは祭祀のために作られた聖地でしょうか。ただ、石積みの上部を見ると、ミームングスクのように中央がくぼんでいます。こちらも内部に空間があり、それがつぶれてしまったためにくぼみができたのでしょうか。

　その他の石造物については伝承や遺物もなく、いつ何の

シニグンミ

シニグンミの模型。上部中央に石垣がくぼんでいる

ために築かれたのか不明で、名前もついていないものもいくつかあります。

今帰仁グスク周辺の石造構築物はいったい何なのか。

ナハサーラという岩山にある3つの石積みは名前もついていませんが、その1つ（高さ4メートル、一辺の幅が4メートルほど）は2003年、台風によって樹木が倒れて一部が崩れてしまいました。しかしその結果、なんと内部から人骨が発見されたのです。出てきた右の大腿骨《だいたいこつ》（ふとももの骨）は男性のものと推定されました。偶然ですがこの石造構築物がお墓だったことが判明したのです。

これから考えると、「ミームングスク」内部の空洞は墓室である可能性も出てきました。実際シニグンニ中央のくぼみ部分からも骨が見つかったといい、これらを墓としてとらえている研究者もいます。方形に石を積んでお墓にする方法は宮古島のミャーカが知られていますが、今帰仁グスク周辺の石造構築物はお墓だったとして、それではいったい誰が葬られているのでしょうか。歴代北山王がこちらに眠っているとの伝承は残されていません。

謎を解明するためには、内部調査が必要です。本格的な調査がおこなわれる日を待ちましょう。

参考文献：今帰仁村教育委員会編『今帰仁城跡周辺遺跡Ⅲ』
知名定順「写真から見る沖縄の墓」（『ガラマン』14号）

謎の石板「沖縄のロゼッタストーン」

沖縄県立博物館・美術館の展示コーナーの一角に、不思議な石板があります。平たい石の表面には、不思議な文様が不規則に刻まれています。うずまきや〇×、「十」や「九」、「正」の漢字らしき記号、船や家、農具、鳥を描いているような図形などさまざまです。これまでに12点が確認されていますが、誰が、いつ頃、何のために作ったのか、実は詳しくわかっていません。そのため、これらの石板は「沖縄のロゼッタストーン」と呼ばれています。

さらに不思議なことには、石板は沖縄中からまんべんなく見つかったわけではなく、ある特定の地域でしか出てこないのです。その地域とは読谷、嘉手納、北谷、宜野湾といった沖縄島中部の西海岸に集中しています。屋良グスク付近や野国総官の墓付近などで見つかっています。なぜこの地域だけしか出てこないのかもさっぱりわかりません。世界遺産の座喜味グスクからも石板が出土していますが、こちらもどの年代のものか確定できていません。

ただ刻まれた図形をみると、ヒントになるものがあります。家とおぼしき図形は屋根の上に宝珠があるので、おそらく超古代のものではなく、古琉球以降の時代のものと推定できます。明らかに漢字を模した記号もあることもこれを裏づけるでしょう。

では石板は何のために作られたのでしょうか。

『ムー大陸は琉球にあった』の著者で有名な木村政昭氏の聞き取りによると、現在は失われてしまったそうですが、石板を知る某男性が戦争直前、破壊を恐れて御嶽からリアカーで石板を運び自宅敷地に埋めたといいます（石板は戦後、地形改変で行方不明）。石板が御嶽にあった、つまり宗教的な性格を持つものであったことをうかがわせます。ただこの現物は確認されていないので、はっきりとしたことはいえません。

木村氏は線刻の記号を太古の「ムー文字」を参考に解読できると結論づけ、「与那国海底遺跡」で発見された「線刻石板」と共通すると主張しますが、ちょっと飛びすぎではないかと思います。与那国の「線刻」の十字模様や点模様が他の石板と共通する記号だったとしても、そうした単純な記号は人間なら誰もがまず思いつく記号ですし、非常に複雑な文字や記号と一致するならともかく、他人のそら似程度のものでしょう。古代エジプトの太陽信仰と古琉球の太陽信仰の共通性から、琉球がエジプト文明起源だと主張するのと同じことです。この場合、与那国の「線刻石板」が人工のものかどうかは別の問題として、「沖縄のロゼッタストーン」との関連

刻画石版『沖縄県立博物館・美術館　博物館展示ガイド』（沖縄県立博物館・美術館　2007）

性はないとしたほうが妥当です。

石板が御嶽との関連性がうかがわれることを考えると、これは日選びや占いのために刻まれた可能性も出てきます。たとえばトキ（古琉球から続く占い師）が使用したといわれる『時双紙（ときぞうし）』という書物にはさまざまな象形文字や記号が描かれています。そのなかには「正」や「V」を逆にしたような記号、髪の毛をとかすクシのような記号がありますが、これらは石板でも似たようなものをいくつか確認することができます。

『時双紙』とすべての石板の記号が共通するわけではありませんが、先に述べたように石板と御嶽という場所との関連をあわせて考えると、古琉球から近世にかけての宗教祭祀と何らかの関係があったのではないでしょうか。

なお『時双紙』は日本の陰陽道の暦注書が簡便化されたカタチで伝わっていて、わずかに近世日本の「大雑書《おおざっしょ》」系の暦注の影響もみられるといいます。

ただし石板が特定の地域だけにしか見られない理由はわかりません。まだまだ謎は解けません。「沖縄のロゼッタストーン」を完全解読する日はおとずれるでしょうか。

参考文献：木村政昭『海底宮殿　沈んだ琉球古陸と〝失われたムー大陸〟』
中鉢良護「王府の暦をめぐる諸問題」（『沖縄文化』77号）
新田重清「沖縄県中頭郡発見の線刻された石版片について」
（南島史学会編『南島―その歴史と文化』）

渡嘉敷に恐竜!?

史料をめくっていると、たまに不可解な出来事を記述した箇所に出くわすことがあります。琉球王国の正史『球陽』には、なんと1698年に渡嘉敷島の海で「異獣」が目撃された怪事件が記されています。

それによると、渡嘉敷島の海浜を巡視していた役人たちが、付近の黒島の海中から突如出現しサンゴ礁のフチにうずくまる異様な動物を発見したとあります。その動物の体は黒いウシに似ていて、顔と耳・目はブタのようであったとのこと。4本の脚には水かきが付いており、まつ毛とヒゲは白色、尾はまっすぐで約30センチ、太さ約10センチ。鳴き声はウシのようで、うずくまる姿は犬のようであったといいます。驚いた役人たちは村へ知らせに行き、翌日、大勢の村人たちと現場へ向かいましたが、すでに怪生物の姿はありませんでした。

慶良間諸島の近海にはクジラが出現することが知られていますが、身体的特徴からみると、どうもちがいます。ジュゴンとも一致しません。我々が見たことのない新種の生物なのでしょうか。まさか絶滅せずに生き残った恐竜の一種？　ネッシーやイエティ（雪男）のようなUMA（未確認生物）なのでは!?（ナ、ナンダッテー）……と一瞬思ったのですが、いろいろ考えたところ、可能性として高いのはアシカやアザラシのたぐいではないかと思いつきました。２００２年に東京の多摩川に現れ、日本中で話題になったアゴヒゲアザラシのタマちゃんをご記憶でしょうか。渡嘉敷島の「異獣」はいわばタマちゃんの琉球バージョンであり、今なら「トカちゃん」とでも命名され、見物客が殺到するかもしれません。

当時の気候寒冷化と関連させ、この「異獣」をオットセイと推測する説もありますが、アシカの可能性も考えられます。かつて日本沿岸にはニホンアシカが1年を通じ生息していました。この種は１９７５年を最後に目撃されなくなり、絶滅したと考えられています。３００年前には相当数いたはずのニホンアシカが、まれに沖縄に回遊してきても不思議ではありません。

渡嘉敷 黒島

１８５１年にも名護の久志付近でアザラシらしき目撃例がありますが、沖縄周辺海域はアシカやアザラシの主要な生息地ではなく、沖縄で確認された事例があるのか、さらに調査する必要があるでしょう。みなさんも沖縄の海で泳ぐだけでなく、海面をながめてみては。もしかしたら変な生物が見つかるかもしれませんよ。

参考文献：『球陽』
北村伸治「沖縄の雪の古記録、沖縄近海の異獣古記録」（『沖縄技術ノート』４号）

UFO、那覇に現る！

地球外生命体や幽霊などの不可思議な怪奇現象は、未知なるものに好奇心を持つ多くの人々の興味をひいています。

沖縄でも那覇市内の上空に青白い光線が現れ、UFOでは⁉ との問い合わせが気象台などに多数よせられ、「那覇市内でUFO騒ぎ／正体は気象観測光線」とニュースになったことがあります（「沖縄タイムス」1997年11月24日）また2014年には那覇市西方上空でオレンジ色の光約10個が目撃されましたが、米軍の照明弾だったようです（「沖縄タイムス」2014年1月25、29日）。

実はこのような騒ぎと同様に、大正元年（1912年）8月には那覇に未確認発光体が出現して大騒動になった事件がありました。その模様は当時の「琉球新報」紙上で連日報道されています。

事件の場所は那覇の泉崎（現在の県庁一帯）で、第一発見者は仲毛《なかのもう》（現在の那覇バスターミナルあたり）の比嘉さん一家。7月30日の晩、夕涼みに2階から外を眺めていると、砂糖樽検査所の戸から丸い発光体が出現したというのです。

発光体は分かれたり合体したりして戸を出入りし、大きな発光体が小さな発光体を連れて出てきて、次の瞬間バラバラになり上空へ消えていったといいます。比嘉さんは驚き、近所の人に告

げて次の晩も出現場所を観察していると、同時刻にまたも
や発光体が出現。

当初は比嘉さんの話を疑っていた近所の人々ですが、さらに3日目の同時刻に発光体が出現するのを目撃するにおよび「これはホンモノだ！」と確信し、ウワサがウワサを呼んで大騒動になってしまいます。

比嘉さん宅のある仲毛海岸はヤジウマが殺到し、夜10時頃まで怪光を見ようとする人々で連日大混雑となります。しかし発光体はいつまで待っても一向に現れません。ついには警官も出動して騒ぎの沈静化をはかりますが、騒動は静まるどころかさらに広まり、今度は泉崎橋に発光体が出るらしいというデマも流れて人々は泉崎橋にも集まり、発光体が現れるのを今か今かと待ちかまえる始末。

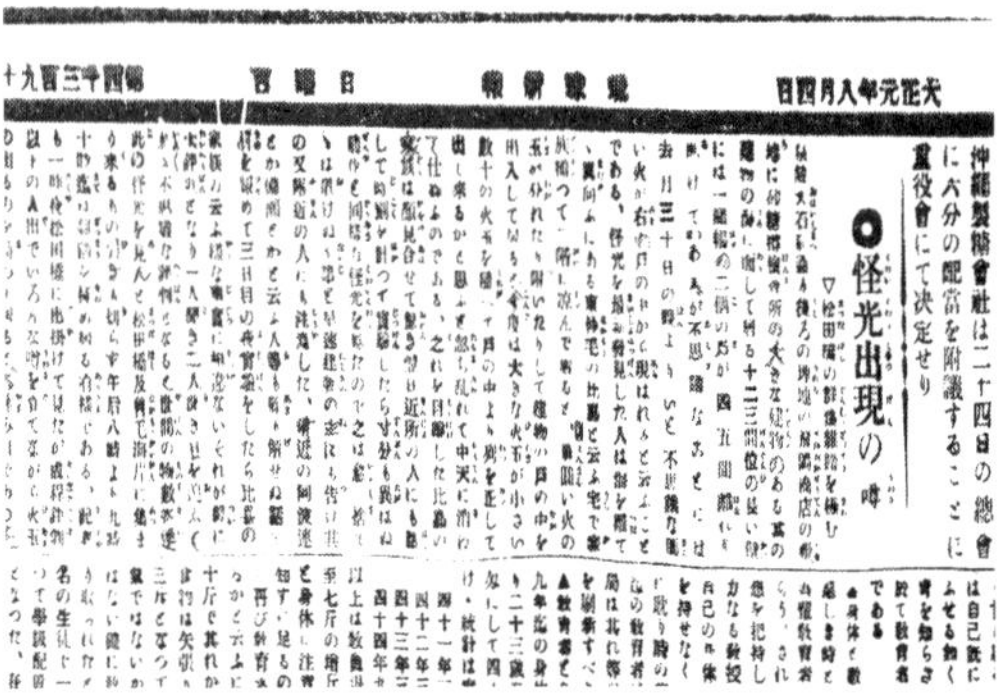
大正元年八月四日　琉球新報　日曜日

沖縄製糖會社は二十四日の總會に六分の配當を附議することに重役會にて決定せり

○怪光出現の噂

「琉球新報」大正元年8月4日（沖縄県立図書館蔵）

出現場所付近の住民は奇怪な事件に身の吉凶を案じて各所の易者（おそらくユタやサンジンソウ）に相談する者が続出し、火の玉は亡霊のしわざとして祈祷《きとう》が行われます。騒ぎは出現場所の地中から人骨が発見されるにいたって頂点に達します。この人骨は小児の骨で、付近で材木商を営む平良某が埋葬したものらしいと当時の記事にあります。

このオカルト騒ぎに影響を受けたのでしょうか、琉球新報は事件の翌日から「怪談奇聞《きぶん》」と題

する心霊体験談を連載します。このコーナーは読者から怪奇体験を募集するものでした。新報は「実体験でも伝聞でもよいから本社の怪談奇聞係宛てに投稿をお願いします」と東スポばりの連載を開始してしまうのです。

さらにビックリするのは、この怪奇体験コーナーに寄せられたのが、何とあの伊波普猷《いはふゆう》の話。「伊波文学士の実話」として祖父の心霊体験が述べられています。

王国時代、祖父の友人が航海の途中で暴風にあって溺死し、彼の幽霊が別の知人の母に憑依して伊波の祖父の前に現れたという話です。

おそらく伊波普猷も発光体騒ぎを見聞して、興奮さめやらぬなか知人に自身の怪奇談を熱っぽく語ったものが投稿されたのでしょう。本人が投稿していたら面白いですが……いずれにせよ、当時の沖縄での超常現象に対する熱狂ぶりが伝わってくる話です。

参考文献：「琉球新報」大正元年8月4日〜23日

南の島に雪が降る

亜熱帯の沖縄では冬でも零下を下回ることはなく、雪が降ることはありません。しかし

1999年12月、那覇市のパレットくもじ前で雪が降る様子がビデオ撮影され、ニュースになったことがあります。気象台は「当時の気温は13度で、そんなことはありえない」と反論しましたが、ビデオを見るとたしかに雪のようでもあり、真相は不明です。

沖縄で気象観測がはじまって「雪」と観測されたのは2例、1977年久米島と2016年沖縄本島においてです。しかしこれは完全な雪ではなく正確には「みぞれ混じりの雪」でした。やはり沖縄に雪が降ることはないのでしょうか。ちなみに2005年には国頭村の奥で過去最低の5・2度を観測、同じころ奄美では山頂に雪も確認されたとのこと。

実は王国時代の記録（『球陽』）をみてみると、「ひょう」や雪が降ったことが確認できます。たとえば1774年、久米島では雪まじりの雨が降り、草木の葉に雪が積もったそうです。1845年には北谷に雪が降り、恩納から今帰仁にかけてはピーナッツほどの「ひょう」が降ったとあります。そして1816年には、伊平屋島で降雪がありましたが、何と6センチの積雪だったといいます。この時、島の作物は枯れてしまったそうです。明らかに雪、それもかなりの雪です。こうした雪の記録は、にわかには信じがたいかもしれませんが、僕はかなりの信ぴょう性があると考えています。実は雪が観測された18、19世紀、地球の気候は小氷期に入っていて、世界全体が寒冷だったことがわかっています。現在の温暖化の逆パターンですね。

さらに1707年には日本で富士山が噴火、1783年には浅間山（群馬・長野県）が噴火し、上空を火山灰におおわれた列島では寒冷化がいっそう進み、凶作・飢饉《ききん》も広まりました。この時期の江戸（東京）ではなんと2メートルの積雪もあったほどです。こうした影響が南の琉球にも波及した可能性があります。

この時期の沖縄は今よりも平均気温が低く一段と寒い気候で、「あられ」や「ひょう」はもちろん、雪が降ることも充分にありえることだったわけですね。つまり世界的な気候変動が沖縄に雪を降らせたというのが真相です（それでも非常にまれなケースなので、歴史書に記録されるわけですが）。

ちなみに王国時代の琉球人はちゃんと雪を知っており、琉歌などでも雪を題材にしたものもあります。これは当時、中国の北京や日本の江戸などに行く機会があったので、海外で降雪を体験する人が結構いたというわけです。

参考文献：北村伸治「沖縄の雪の古記録、沖縄近海の異獣古記録」（『沖縄技術ノート』４号）

琉球王国の蒸気船

琉球王国の船といえば中国式の帆船（ジャンク船）。しかし、実は王国末期、琉球は西洋式の蒸気船を保有していました。〈琉球船＝ジャンク船〉の常識をくつがえす、知られざる歴史を紹介しましょう。

琉球王国の蒸気船の名は「大有丸《だいゆうまる》」。１８６８年、イギリスで製造された排水量６００トンの

大有丸（沖縄県立図書館所蔵）

蒸気船です。排水量６００トンと言えば、幕末に勝海舟を艦長としてアメリカに渡航した咸臨丸と同じくらいの船です。この大有丸は１８７５年（明治8年、光緒元年）、日本の明治政府から提供されたものでした。この頃に描かれた那覇港の絵図には、この蒸気船を確認することができます。

　大有丸はなぜ琉球王国の船となったのでしょうか。それは日本の近代国家が琉球の併合を進める動きと密接に関わっていました。明治維新を達成した日本の新政府は近代国家として領土の画定を急ぎ、琉球王国を版図内に組み込もうと動き出します。そのなかで１８７１年（明治４年）に起こったのが台湾遭害事件です。嵐で台湾に漂着した宮古島民ら54名が原住民によって殺害されてしまったのです。

　明治政府はこれをきっかけとして、後に台湾に出兵して琉球人を日本国の属民であることを清朝に認めさせてしまいます。これと並行して政府は琉球の「国体」を永久に保持することを条件に（結局、裏切られますが）、王国を「琉球藩」とし、国王尚泰を「藩王」として華族に列します。

　明治政府は、台湾で殺害された宮古島民の遺族や生存者らに米１７４０石（現代価値でだいたい4億７０００万円）を見舞いとして送るとともに、蒸気船「大有丸」を琉球に提供します。政府は台湾での遭難の原因を嵐でも航海できる船舶がないからだとして、「海域を往来する琉球人民（日本国属民）を保護する」という名目で堅牢な蒸気船を送ったのです。王府はこの申し出を固辞しますが、結局受け入れます。

この大有丸、当初は全て日本人の船員によって運用されていましたが、1876年（明治9年）には何と一部船員に琉球人を採用し、機械や蒸気機関の操作法を学ばせて、日本人と共同で船を動かすようになります。この3年後に王国は滅亡しますが、それまでの短い期間、琉球人の手によって動く蒸気船が王国内の海域を航行していたのです。

沖縄県となってからも、この大有丸は岩崎弥太郎ひきいる三菱の郵便汽船として使用され、南西諸島の各島を結ぶ航路に就航して、近代沖縄の輸送機関として活躍することになったのでした。

時代が変わる節目に突如として出現した琉球王国の蒸気船。琉球史上初めて近代蒸気船を操縦し、コバルトブルーの海を疾走した琉球人はいったいどんな気持ちだったのでしょう。

※米の価値の換算は磯田道史『武士の家計簿』（新潮新書）を参考。

参考文献：『沖縄県史』12、『球陽』、『那覇市史』通史篇2

恐怖のウイルスをくい止めろ！

現在では根絶されましたが、かつて天然痘《てんねんとう》という伝染病は非常に恐れられていました。ウイルスに感染すると高熱が出て、体中に紅斑《こうはん》や水疱《すいほう》が現れます。致死率も高く、琉球でもその予防と対策は課題となっていました。医療がさほど発達していない当時、どのように天然痘が広がるのを防いだのでしょうか。

琉球は日本や中国とちがい、多数の小さな島々からなる国です。しかも交易国家だった琉球はひんぱんに海外との接触があり、伝染病が外から持ち込まれる機会も増えます。感染者が海外から帰国して国内で広がった場合、琉球のように人口規模の小さな社会では免疫をもつ患者が少なく大流行を引き起こし、感染者は重症化してしまいます。

というのは、日本のように人口規模が大きいと数年に一度という周期で流行が起こり、免疫を持つ人が多数いるため、死者の多くは子供で社会全体におよぼす影響は比較的少ないそうです。対して島国の琉球は病気の流行がおさまると、病原体は新しい感染者を見つけることができず死滅し、結果として数十年に一度という周期となり、次に感染が広がった時に誰も免疫を持っておらず、子供だけでなく成人の大半も重症化して生産活動などに支障をきたしてしまいます。一度流行すると社会に大きなダメージを与えてしまうのです。

そこで琉球王府は島内で免疫保持者を常にいる状態にすべく、国を挙げて対策に乗り出します。つまり予防接種です。現在ではさまざまな病気を事前に防ぐために無害化したウイルスなどを意図的に注射することが行われていますが、なんと数百年前の琉球で実施されていたのです。

対象は沖縄島周辺と宮古島地域の少年少女たち。早い時期に予防をしておこうというわけです。予防接種は13年に1度おこなわれました。その方法は人痘法《じんとうほう》というもので、なんと軽症の患者のかさぶたを子供たちの鼻の穴に吹き込むというもの。要するに普通に感染させるということですから、現在のワクチンとちがって危険で死者が出る場合もありました。それでも自然感染よりは致死率が大幅に低いということでいくぶんマシだったのです。感染した少年少女たちは当然倒れて苦しむので、13年に1度、琉球中の親たちは看病に忙殺されるということになりました。

こうした「鼻からウイルス注入」法は、1851年になり、より安全な天然痘患者の膿《うみ》を皮膚に接種する方法が実施されるようになりました。予防接種のための病原体は日本本土や中国から持ってきたといいます。人痘法は1766年に鹿児島に医学研修中の医師・上江洲筑登之親雲上《ちくどぅんぺーちん》倫完《りんかん》が病原体を持ち帰って始まりましたが、最初の実験体はなんと彼の家族！ でもどうやら成功し、琉球で広まることになりました。

やがてもっと安全な牛痘法も登場しましたが導入は遅く（仲地紀仁が最初に成功したとも）、王国末期の1868年にようやく王府は牛痘法実施にふみきり、天然痘の脅威は収まることになりました。

また一方で予防接種が行われなかった八重山諸島ではどうしていたのでしょうか。これらの地域では検疫《けんえき》によって病原体が持ち込まれることを完全に防ごうとしていました。王府は、海外接触の最前線だった那覇のある沖縄島とその近くの宮古諸島は予防接種によって感染拡大を防ぎ、周辺の八重山諸島は検疫を実施するという2段階作戦だったわけです。自由な海外渡航を禁じられていた近世では、八重山は基本的に沖縄島地域との交流しかないので検疫は比較的容易だったのです。

ただ沖縄島についても、予防接種以外で感染した場合は隔離策がとられました。発病者は那覇港に浮かぶ小島の奥武山《おうのやま》の施設に隔離され、島全体に感染が広がることを防いだのです。

参考文献：小林茂「疾病にみる近世琉球列島」（『沖縄県史　各論編4　近世』）
沖縄タイムス社編『沖縄大百科事典』

東郷平八郎と為朝伝説

東郷平八郎《とうごうへいはちろう》というと日露戦争の際の連合艦隊司令長官で、ロシアのバルチック艦隊を破った人物として知られています。東郷平八郎と沖縄、源 為朝《みなもとのためとも》の渡来伝説の意外な関係を紹介します。

沖縄本島北部の運天港を見下ろす丘には「源為朝公上陸之趾」と書かれた石碑があります。この石碑に書かれた文字、実は東郷平八郎によって書かれたものです。石碑の背面を見ると、大正11年（1922年）に建立されたことがわかります。石碑の材料には1874年に国頭の宜名真村沖で座礁したイギリス船のバラスト（船のバランスを取るため船底に置かれた石）が使われたそうです。この石碑は、運天港に源為朝が上陸して、その子孫が琉球の王になったという伝承をもとにして作られたものです。源為朝の琉球渡来伝説は、日本人と琉球人は同じであるという「日琉同祖論」の根拠の一つとされています。

石碑の台座部分には「国頭郡教育部会発起」とあります。この国頭郡教育部会は沖縄県教育会という教育団体の支部会で、明治天皇の講話資料（1913年）や『国頭郡志』（1919年）と呼ばれる郷土史を編集しています。編集の中心的人物には島袋源一郎という人物がいました。彼は国頭郡教育部会幹事・同郡青年会幹事として社会教育活動を行っていました。この時期の社会教育活動というのは、沖縄の人々に「日本国民」として忠君愛国の精神を叩き込むことです。『国頭郡志』も学術的な目的で書かれたものではなく、忠良なる〝皇民〟をつくるため愛郷心の育成を目的とした「郷土教育」の産物でした。島袋自身も郷土教育の目的を「愛郷心を拡充して愛国心に到達せしむ」と述べています。

大正期に入るとこのような郷土史編集が各地で活発となりましたが、これと同時期に国頭郡における「郷土教育」を主導した団体によって為朝上陸の碑が作られた事実は注目されます。運天にある為朝上陸の碑は、大正期に活発となった愛国心を育てるための「郷土教育」と関連して国頭郡教育部会によって企画され、沖縄県民が皇国の臣民であることを示す「日琉同祖論」の記念碑として建てられたものなのです。さらに石碑の権威を高めるために、国家の英雄であった東郷平八郎に碑文の書を依頼したものと考えられます。

この碑は為朝がこの地に上陸したことを伝える大昔の遺跡ではなく、石碑そのものが近代という時代の残した歴史的な遺跡だというわけです。

参考文献：『今帰仁村史』
高良倉吉「沖縄研究と天皇制イデオロギー」（『沖縄歴史論序説』）

●為朝渡来伝説

「日琉同祖論」の根拠とされる源為朝の琉球渡来伝説について詳しく述べていきましょう。この為朝伝説は、琉球が日本であることを示すために主張されたものと一般的に考えられています。これに関連して、近世琉球の政治家である羽地朝秀（向象賢）も薩摩の支配を肯定するために「日琉同祖論」を唱えたとされます。しかし一般に広まっているこれらの説は誤解であることが最近の研究で明らかになっています。

まず、羽地朝秀は「日琉同祖論」を薩摩の支配を肯定するためには主張していません。羽地は数々の琉球の旧制度を改革していましたが、この一環で国王の久高島参詣を廃止する根拠として、この「日琉同祖論」を主張しているのです。久高島は琉球の神々が農耕をもたらした「神の島」とされていました。この「琉球独自」の神を拝むための参詣を批判するために、「琉球の五穀も人も日本より渡ってきたものだから独自性などない。だから久高島を参詣する意味もない」と主張したわけです。羽地はむしろ「五穀」を主眼としていて、そこには薩摩支配の肯定も、日琉民族が同じだという意味も込められていません。だから羽地が薩摩支配を支持するために「日琉同祖論」を唱えたとするのは間違いです（「琉球の構造改革―羽地朝秀の闘い―」１５１頁も参照）。当時の島津氏の琉球支配の根拠となっていたのは室町幕府から琉球を賜ったとする「嘉吉附庸説《かきつふよう》」です。羽地も「琉球が日本に〝朝貢〟を開始したのは永享年中（室町時代）である」と述べています。

為朝の琉球渡来伝説はどうでしょうか。この伝説は薩摩の征服以前に、渡来したヤマト僧など一部ですでに唱えられたようですが、当時の日本や琉球では一般には受け入れられませんでした。この伝説は『保元物語』にある「為朝の鬼が島渡り説話」などがもとになったと考えられています。そもそも、この伝説はあくまでも「王室」の起源神話であって、琉球の住民全体を「日本民族」とする話とは全く関係がありません。

では為朝伝説や「日琉同祖論」は、琉球を併合するために明治政府が出してきた主張だったのでしょうか。実はそれも違います。明治政府は琉球領有の根拠にこれらの説を全く主張していないのです。根拠としたのは江戸時代に薩摩が琉球から税を徴収した事実でした。「日琉同祖論」は全く問題にされていないのです。この頃の日本側の学者は同祖論を否定すらしています。

このように「日琉同祖論」や同祖論の根拠としての為朝伝説は、薩摩支配下の琉球王国に起源があるわけでもなく、明治政府が琉球領有を正当化するための根拠でもありませんでした。つまり近代まで「日琉同祖論」は事実上、存在しなかったといってもいいでしょう。

参考文献：與那覇潤「『日琉同祖論』と『民族統一論』」（『日本思想史学』36）

●「日琉同祖論」の帰結

近代以前には存在していなかった「日琉同祖論」は、どのように生まれてきたのでしょうか。羽地朝秀の「日琉同祖論」とその根拠としての為朝伝説を「発見」して主張したのは、実は戦前の沖縄側の研究者でした。
沖縄の歴史を研究する東恩納《ひがしおんな》寛惇《かんじゅん》は、日本本土の研究者と為朝伝説の信憑性を論争するなかで、〝王室の起源神話〟としての為朝伝説を〝沖縄人全体〟の問題として読みかえてしまいます。さらに羽地が久高島参詣を批判する根拠とした「日琉同祖論」も、琉球人が日本民族と同じであることを主張したものと解釈してしまいます。「沖縄学の父」と呼ばれる伊波普猷も羽地の同祖論を取り上げ、彼が述べた前後の文脈を無視して「日琉同祖論」を唱え、琉球人には日本人の資格があると証明したのです。

東恩納や伊波ら沖縄地元の研究者が唱えた「日琉同祖論」は、やがて本土でも一般に流布していきました。琉球の日本帝国への編入は、かつて別れた同胞が一つとなった「民族統一」として、評価されていきます。そして大正天皇の即位の際、その〝功績〟を認められた羽地朝秀は天皇から正五位を贈られました。さらに戦後、沖縄の日本復帰に際して、羽地朝秀は「本土の源流に復帰する」ことを目指した人物として位置づけられます。現在私たちが認識する「日琉同祖論」は、このように形成されたのです。

なぜ支配された側である沖縄から、支配を正当化するような主張が生まれてきたのでしょうか。琉球処分後、沖縄では王国の復活をめざす動きはありましたが、日清戦争で日本が勝利した状況では、日本のなかで生きていく以外の選択肢は沖縄の人々には残されていませんでした。沖縄側の研究者は琉球と日本との共通点を見出して「日本のなかの沖縄」の現実を生きていく歴史論を主張したといえるのではないでしょうか（ただし伊波普猷は沖縄が日本帝国の一部であることを容認

伊波普猷（那覇市歴史博物館蔵）

しながらも、沖縄の独自性も重要視しています）。

　野蛮で遅れた地域とされた沖縄は、戦前、様々な差別的待遇を受けました。沖縄にとっての近代化とは、「＝日本化」でもありました。沖縄の人々は旧来の価値を否定し「日本人」となることで、差別的な待遇を解消しようとしたのです。例えば経済学者で後に日本共産党にも入党した河上肇《かわかみはじめ》が講演で、「沖縄には独自性があり、本土と違って忠君愛国の思想が薄い。歴史を見るとこのような場所から偉人が誕生する」と指摘したのに対し、県内マスコミは河上に非難の集中砲火を浴びせます。いわゆる河上肇舌禍《ぜっか》事件です。河上肇は沖縄の持つ可能性を評価したつもりだったのですが、皇国日本への同化に力をそそいでいた沖縄社会のリーダーたちにとっては、県民の「忠君愛国」思想を否定する彼の発言は許しがたいものだったのです。

　戦前の沖縄の人々は立派な「日本人」となることをめざして努力していました。先に見た運天港の「為朝上陸の碑」も、そのような状況で沖縄の側から積極的に造られたものでした。

　このような沖縄の人々が行ってきた努力は、「沖縄戦」というかたちで帰結することになります。

参考文献：與那覇潤「「日琉同祖論」と「民族統一論」」（『日本思想史学』36）
高良倉吉『琉球王国』

目からウロコの琉球・沖縄史

著者紹介

上里隆史　（うえざと・たかし）

1976年生まれ。琉球大学法文学部（琉球史専攻）卒業、早稲田大学大学院文学研究科修士課程修了。浦添市
立図書館長を経て現在、内閣府地域活性化伝道師、法政大学沖縄文化研究所国内研究員。ＮＨＫドラマ「テンペスト」（2011年）時代考証、ＮＨＫ「ブラタモリ」（2020年）案内人などもつとめる。

主な著書
『目からウロコの琉球・沖縄史』（ボーダーインク、2007）、『誰も見たことのない琉球』（ボーダーインク、2008）、『琉日戦争一六〇九　島津氏の琉球侵攻』（ボーダーイング、2009）、『ぞくぞく！目からウロコの琉球・沖縄史』（ボーダーインク、2010）、『あやしい！目からウロコの琉球・沖縄史』（ボーダーインク、2014）、『海の王国・琉球《新装版》』（ボーダーインク、2018）、『新装改訂版　琉球戦国列伝』（ボーダーインク、2022）、『たくさんのふしぎ　琉球という国があった』（福音館書店、2020）ほか。

決定版　目からウロコの琉球・沖縄史

厳選！琉球・沖縄歴史コラム

2024年6月26日　初版第1刷発行

著　者＝上里隆史

発行者＝池宮紀子

発行所＝（有）ボーダーインク

〒902-0076　沖縄県那覇市与儀226-3

電話 098-835-2777　fax 098-385-2840

https://borderink.com　wander@borderink.com

印　刷＝（有）でいご印刷

　ISBN978-4-89982-469-5　C0021

Printed in OKINAWA,Japan

ボーダーインクの本

新装版 海の王国・琉球
「海域アジア」大交易時代の実像

上里隆史 著

国境を越えた「海域史」という視点からの琉球王国の形成と展開の歴史を見る。新たな琉球史研究への羅針盤となる一冊。16世紀の那覇を想定復元したカラーイラスト（香川元太郎、監修・上里隆史）を収録。

●定価1700円＋税

つながる沖縄近現代史
―沖縄のいまを考えるための十五章と二十のコラム

前田勇樹・古波藏契・秋山道宏 編

気鋭の若手研究者たちがまったく新しい視点で沖縄の歴史をつなぐ。多彩なバックグラウンドを持つ研究者たちが知恵や知識を出し合い沖縄に興味をもつ幅広い読者へむけた「入門書」の決定版。

●定価2200円＋税

「守礼の光」が見た琉球
―写真が語る― 米軍統治下のプロパガンダ誌は沖縄をどう描こうとしたか

ボーダーインク編集部 編　監修 古波藏契

アメリカ統治下で米軍が発行していたプロパガンダ雑誌『守礼の光』からの写真を多数使用し、戦後復興の沖縄社会の様子と、その背景にある世界情勢を解説するビジュアルブック。

●定価2400円＋税